ネットワーク論からみる新しい学級経営

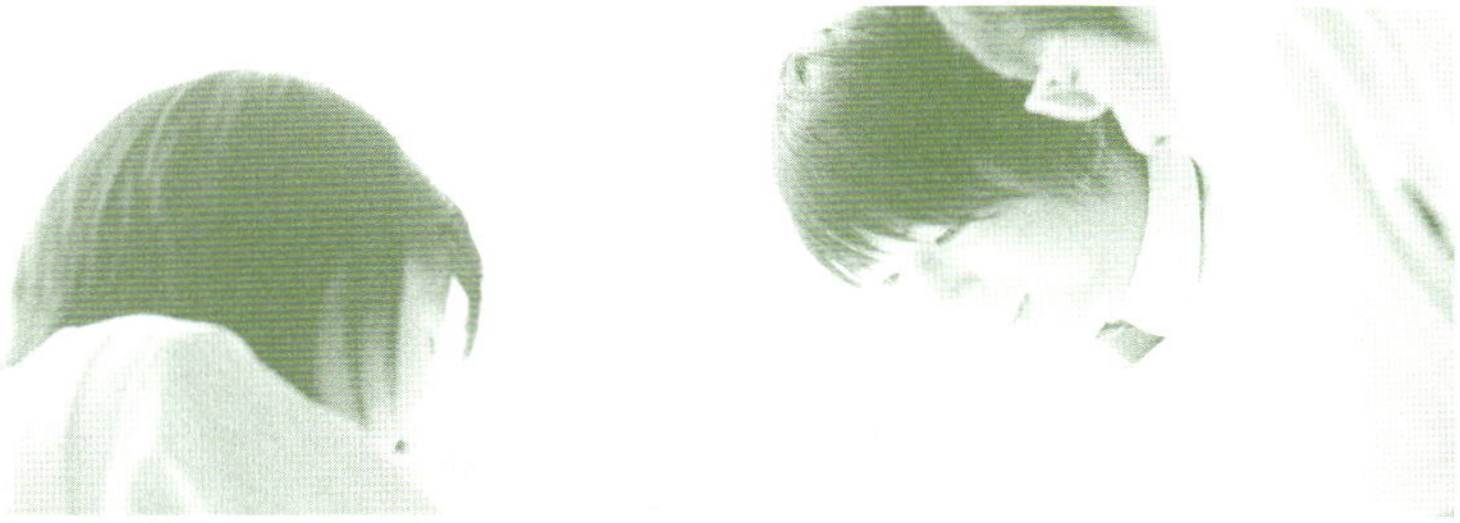

蘭 千壽・越 良子 編
Chitoshi Araragi & Ryoko Koshi

ナカニシヤ出版

はじめに

今日まで蓄積されてきた教師の指導行動研究の知見から、教師の民主的なリーダーシップのもとでは、学級の子どもたちはモラールが高く、友好的かつ生産的であることがわかっている。一方、最近、教師主導のリーダーシップによる学級形成の考え方に代わって、生徒主導による学級の育成の提案がおこなわれている。すなわち、学級形成の初期から中期にかけて、教師は自らの指導による学級の規範やルールを定着させ、その後、生徒への信頼に基づいて学級運営の主導権を生徒たちに委譲し、彼らの自主性に任せることで、生徒主導による創発的な学級の育成を導く、学級経営論である。

生徒主導による学級運営とは、子どもたちの自律性や創造性が発揮され、彼らの人間関係が機能することによってつくり上げられていく学級の過程である。教師は子どもたちの自律的成長を促すために戦略的撤退による「任せる・見守る」指導に徹し、支援していく立場に立つ。この点で子どもと教師はヨコ関係にあり、子ども同士は緩やかなネットワーク組織の構造特性をもつことになる。自律性や創造性は、教師による学級への信頼と、子ども同士の間の一定のルール順守と相互信頼に裏打ちされて、はじめて発揮される。そうした学級の中の信頼関係が、子どもたちにさまざまな場面や活動ごとに組み替え可能なルース・カップリング関係を促し、新しい発見と自由な創造をもたらす。

このような創発的な学級のありかたは、学級がネットワーク組織として成立していることの教育的な有効性を示唆している。学級組織は「ゆらぎ」を契機として、環境（学級組織の過去経験を含む）との相互作用を通して自らの手で自らの構造をつくり変えるという自己言及性により、主体的・創造的に新たな組織構造や秩序をつくり出す「自己組織性」の性質を有するネットワーク組織なのである。学級がネットワーク組織として機能することが、子どもたちの自律による創造的な学級をつくるうえで有効といえる。そしてそのネットワーク組織化を促し、活用しつつ学級を育成するのが、教師の学級経営である。では、学級はさまざまな活動をおこないながら、どのようにネットワーク構造を成し、どのように機能するのか。

このような問題意識から、本書は、学級や学校、社会におけるそれぞれのネットワーク組織が、ゆらぎと自己言及性を通して新たな学級構造と秩序をもったものへと自己組織化し子どもたちの成長を促す、その過程と機制を考察することを目的とする。変容する社会と子どもたちの状況に対して、それを適切に理解し適応しつくり変えていくことができるのは、もはや教師ではなく、子どもたち自身だけではないだろうか。教師の仕事とは、子どもたちのネットワーク組織が機能する学級環境を整えることではないのか、という問題提起でもある。

本書は3部構成となっている。

第1部では、学級と子どもたちの成長を考察するためのネットワーク論の観点を提示した。学級事例を通して、学級の中のネットワーク、学級と家庭の双方のネットワークに視点をおき、そこで生きる子どもたちと学級のネットワーク組織を導く教師の指導のありかたについて考察した。

第2部では、学校でのさまざまな場面や活動におけるネットワークとその自己組織化が、子どもたちの成長と適応にどのように関わるか検討した。第5章から第7章においては、それぞれのネットワーク組織（授業場面、学級生活場面、学校行事の場面）の活性化による学級の自己組織化と子どもたちの変容について、第8章から第10章では、保健室や相談室登校児への対応における、担任教師と養護教員やスクールカウンセラーのネットワークについて、また、高校生がボランティア活動によって、地域の人々や病児への理解を通して自己理解を深めた事例についてみていくことにする。

第3部は、ネットワーク社会と学校教育をテーマとして、まず第11章では最近のネット社会に生きる子どもたちの行動的な特徴を考察した。また、学級集団経験の意味（第13、14章）や学級集団の不適応予防機能（第12章）などについてネットワーク論から検討し、最後に、これらの教育指導をおこなう教師の職能成長のありかたについて考察を加えた（第15章）。

本書の執筆者10人のうち7人は、小中学校、高校の教員あるいはスクールカウンセラー経験者である。彼らは学校現場において、今まさに動いている子どもたちとそのネットワークが子どもたちと学級を育てていくさまを、そのネットワークの一員として経験している。研究者と学校現場の実践者がともに学級について考察することで、経験と理論の融合が、本書の学級ネットワーク論として結実している。

なお、本書に登場する事例は、いずれも掲載につき執筆者が関係する方々に了承をいただき、また、特定できないよう適宜書き換えをおこなったものである。ご協力くださったみなさまに御礼を申し上げたい。

最後に、ナカニシヤ出版編集部宍倉由高氏と山本あかね氏には本書の刊行にご尽力いただいた。ここに記して感謝申し上げる次第である。

二〇一五年一月

編　者

目次

第3部　ネットワーク社会と学校教育

第1部

学級におけるネットワークの構築

第1章 学級集団におけるシステム論とネットワーク論

はじめに

ひきこもり、いじめ、学級内部の不協和など、これらの問題はみな、人と人とのつながりがスムーズでないことに関係して現れる事柄である。この人と人の結びつき、すなわち学校や学級における人間関係に関するネットワークが本書の主題である。私たちは他の人たちとどうつながっているのだろうか。また、どうつながることがその人たちやグループ、学級というシステムの活性化をもたらすのだろうか。本書では、子どもたち同士のネットワークのつながりかたによって学級システムの活性化をもたらすことを示し、そのプロセスと要因を明らかにすることを目的とする。

第1節　現代の学級経営の問題

(1) 学校や教師は保護者や世間から信頼を失っている

いまや、学校や教師は保護者や世間の信頼を失っており、学校はゆらいでいる。これまでの学級経営は、教師による生徒への効果的な指導をおこなうことが前提であった。その背景には、教師の指導によって子どもたちの学習能力が向上し、彼らが精神的に成長するという教育に関する「大きな物語」があった。現に、教員養成学部の学生の多くは、自身が小学校、中学校や高校で出会った教師の適切な指導とその影響、感化によって教職を目指していた事実がある。しかしながら、一九八〇年代のいじめ、校内暴力などの問題行動の全国的な多発によって、それまでの民主的な学級経営に代わって、管理型学級経営への揺り戻しが生じ、教師中心の指導へとよりシフトしたのであった。

しかもこの数年のあいだに、学校側の管理的な指導のなかにも問題が多発しており、保護者側からの信頼を失っている。それは学校での子ども同士のいじめの問題を発見できず、子どもたちが自殺へと追い込まれていった事件が多く発生していること、また、教師側の体罰や暴力的な指導の実態が明るみに出てきており、それを保護者や世間が許さなくなってきたことである。今日、教師が多くの多様な生徒たちからなる学級を管理し、子どもたちを成長させるという本来の教育的営みへの絶対的な信頼が失われている。

(2) ネット検索により広がる子どもたちの世界と管理型学級経営

このような学校に対する世間からの信頼の失墜の影響により、学校側はより内向きな管理をおこなわざるをえない状況にある。またこの内向きな状況はなにも学校バッシングの影響からもたらされるばかりではない。子どもたちがおかれているネット環境も内向きにさせる要因と考える。

一九九五年に携帯電話が広く国民のあいだに普及し、それがいまや格段の進化によって単なる電話機能を超えて、子どもたちの電子メール連絡用ツールとなり、さらにネット検索による情報収集用ツールや学習用ツールともなっている現実がある。このことは子どもたちの生活の仕方や彼らの世界を大きく変えるものとなっている。

ネット社会の出現は、一九八〇年代以降のわが国の高度消費社会への移行に伴って、子どもたちの生活様式や人間関係（男子少年期のギャング・グループ時代がなくなり、女子青年前期のチャム・グループ（chum-group）時代が肥大化してきたという）に変化をもたらした。その結果、彼らの個性をなくした受身的な特性に応じた学級経営への変化が生じる。このような大きな社会的な変化をもたらされたなかでの学校経営なのである。

第11章に参照されるように、子どもたちの世界は、ネット検索によって、個別に飛躍的に広がっている。以前は、世界は目の前の生活する地域共同体での出来事であり、テレビやラジオ、新聞、友だちなどを通して伝えられる事件などのニュースが主である世界であった。保護者や教師は、ある程度は、子どもたちの交流する人々や見聞する社会について事前に周知できていた。

しかしながら、現在では、子どもたちが直接的に見聞する世界をはるかに超えて、日常的なネット検索により開かれる世界が数多く存在することとなった（もちろん、そのなかには望ましくない世界も含まれている）。このようにして形成された子どもたちの精神世界は一人ひとり違っており、保護者も教師も子どもたちそれぞれがネット検索している人々やその社会について把握することができないでいる。保護者、教師にとって、目の前にいる子どもたちが何を考え、どういう世界に関心をもち、どういう世界と連絡を取り合っているのか理解できていない状況にある。

したがって、保護者や教師は子どもたちの行動に不安をもち、それゆえに一層管理的であらねばならないと考えるだろう。また、保護者は子どもたちがどのようなネット上の人々や社会と接触しているのか心配になって、たえず監視せざるをえないだろう。ヘリコプターペアレントの出現である。

ネット時代の子どもの精神発達と教育の問題は、現在、いろいろな方面から模索され試行されており、今後、時間をかけて検討されなくてはならない大きな課題である。

第2節　システム論とネットワーク論

学級を一つのシステムとして考えてネットワークのありようやその空間の構造（トポロジー）を検討することは、子ども同士や子ども‐教師関係について考えようとするとき有効な視点となる。

要素還元主義とは、ものごとをその構成要素に分解していくことで原因や問題を探索していく思考スタイルの一つである。物事の因果関係を類推したり、対処法を考えたりするうえで、とても有効な思考の方法である。しかし、現代のようにさまざまな要因が複雑に絡み合っている状況では、こうした要素還元主義の方法がうまく機能しないことが多い。

(1) システム論

この考え方に代わって、複雑な状態を複雑なまま捉えようとする考え方が広がっている。それがシステム論である。ある状況が生み出され、そのなかでいろいろなことが起きているとしたらその状況が起こる原因や対応の仕方、解決方法などを、そうした状況を生み出した全体（システム）を対象として考えようとする方法である。

要素還元主義のように要因に対する検討も加えるが、それは要因のもっている性質にのみ注目するわけではない。要因同士の関係性（ネットワーク）や構造（トポロジー）に視点を当てて、システム全体について検討しようとするのがシステム論の立場である。

(2) ネットワーク論

実際の学級においては、学級という一つのシステムの内部に、個々の子ども間を結ぶネットワークからなるサブシステムが生成されている。モレノ（Moreno, J.L.）は、ソシオメトリック・テストの手法を用いて、子ども同士の人間関係を図示して理解するためのソシオグラムを開発した。わが国でも、この手法を用いて、学級集団理解のためのすぐれた研究（狩野・田崎　一九九〇、田中　一九七〇など）が報告されている。

このソシオメトリーの手法に代わって、今日、アメリカの著名な社会心理学者のミルグラム（Milgram　一九六七）をさきがけとして、ワッツとストロガッツ（Watts & Strogatz　一九九八）やバラバシ（二〇〇二、Barabási　二〇〇二）などの代表的な研究者によって「複雑ネットワーク」の研究がなされている。

ミルグラム（一九六七）は、自分が赤の他人とどのくらいの距離でつながっているかという、スモールワールド実験をおこなった。そして、世界中のだれとでも短い知人の鎖を介してつながっていることを見出した。これを六次の隔たりといい、スモールワールドの発見となった。これに対して、ワッツとストロガッツ（一九九八）は、人々が家族や職場、以前の校友など多くのコミュニティに属しており、それぞれのコミュニティの中では三人からなる仲間集団（この三人の仲間集団のことをクラスターという）が多く、これをスモールワールド・ネットワークと呼んでいる。

最近の子どもたちは学級開きとともにごく初期に気に入った数人の小さなグループで人間関係ができあがってしまう。時間をかけながらゆるやかな関係を通して、しだいに友人関係を固めていくのとは対照的である。そのため、学級全体としての一体感は生まれにくくなっているといわれている。このような学級には、ワッツらがいうスモールワールド・ネットワーク、すなわちネットワーク間のつなぎ直し（リワイヤリング（rewiring））の機会の設定が担任教師に求められている。その具体的事例については第2章、第6章に紹介されているように、新元によるECRの手法を導入した学級経営の方法は、まさにわが国で最初に開発されたネットワーク論による教育的方法といえるであろう。

（3）友人関係ネットワークとメッセージの伝達ネットワーク

杉崎（二〇〇八）は、友人関係をネットワーク化した「友人関係ネットワーク」と、その友人関係ネットワークを介して伝わる「メッセージの伝達ネットワーク」の構造的差異とその時系列の変化、友人関係（紐帯）の強弱の与える影響について検討している。それによると、①友人関係ネットワークの構造とメッセージの伝達ネットワークの構造は質的に異なっていた。具体的には、高校生と大学生の友人関係ネットワークの構造は異なることがわかった。しかし、メッセージの伝達ネットワークは高校生と大学生に共通する構造がみられた。②時間の変化とともに、友人は増えているが、情報の集中の度合いは変化していない。つまり、友人関係ネットワークの時間的変化と、メッセージ伝達の中心となる「ハブ」が伝達するメッセージの量の変化は無関係である。③高校生はメッセージ伝達には強い紐帯が使われやすいが、大学生のメッセージ伝達には弱い紐帯が使われやすかったという。

（4）システム論とネットワーク論の接続

これまでは、安心感や安定感を求めるために強固なネットワークや安定したシステム－サブシステムの構造が学級に求められていた。しかしながら、それだけでは、今日、学級に生起する複雑な問題が絡み合ったさまざまな問題に対応できなくなってきている。むしろ状況や環境の変化によって自律的・自己組織的にネットワークのつながりを変化させ、学級構造を変えていくことが、より創造的な活動を支え、より良い学級集団づくり（蘭・高橋 二〇〇八b）を可能にすることがわかってきている。

ここでシステム論とネットワーク論について概観してみる。近年のシステム論では、自らの作動で自らをつくり出す「自己組織化システム」の重要性がいわれている（今田 二〇〇五）。これは近代初頭にいわれた、管理者による計画的で管理的なシステム論とは異なり、システム内部の要因（個人）同士が関係を結ぶことで、全体としては個人の総和以上のものを生み出す創発性（emergency）と呼ばれる特性をもつということである。端的にいえば、相互関係に注目する領域がシステム論であるということができる（妹尾 二〇〇七）。そのため、システム論においては創発を生むコミュニケーション、コントロール、自己組織性に注目が集まるようになってきた。五百井（一九九七）も、階層性と創発性、コミュニケーションとコントロール、自己組織性の三要因を挙げている（二一四―二一八頁）。

こうしたシステム論に対してネットワーク論は、グラフ理論を基底にしている。個人の関係性、つながりの強度や距離、階層性、中心性などを手がかりにしながら、資源や人材、情報などの凝集性や移動の仕方、組織の有効性などを検証していくことができる。いわばシステム内およびシステム間のありようを分析・考察するときのきわめて有効な思考ツールとなる。

こうした背景をもつシステム論やネットワーク論から学級のありかたを考察し、学級集団（システム）や小集団・小グループ（サブシステム）の関係性の網の目から、生徒個人や学級全体のありようを考えていく試みからは、現代の教育問題を解決するための重要なヒントが得られる。うまくいかない学級はネットワークや構造に問題を抱えており、そこに気づくことから学級集団づくりを問い直してみる、こうした新しい視点からの学級集団指導論・学級経営論の展開は、今日の教育課題の解決に大きく貢献してくれるといえよう。

また、西口（二〇〇九）は、社会システムを「ある共通目的のために、意識的に調整された、二人以上の人間の、協働活動や諸力の体系」と定義づけ、システム論とネットワーク論とを接続させ、社会システムの発達論を提案している。西口は、システムの循環のループとして、①分出、②排除、③浸透、④脱分化の四つのプロセスを提案した。単純化していうと、組織は「安定」を、ネットワークは「変化」をもたらすとし、ネットワークの本質を浸透であるとしている。「分出→排除→浸透→脱分化」という転化のプロセスを通して、「社会システム」は「組織→ネットワーク→次の社会システム」へと回帰的に移行する、と理論化している。

若林（二〇〇九）は、自己変革しやすい組織原理として、「ルース・カップリングな組織構造」と「自己組織性」を挙げている。このことから考えると、システム論の知見から「自己組織化」を促すためには、ネットワーク組織論からの知見に基づく「ネットワーク組織の特徴」をインフラとして組織経営に埋め込んでいくことが有効である、と述べている（表１－１参照）。

第3節　ネットワークを活用した自己組織化する学級経営へ

(1)「創発」を生み出す学級経営

先述したわが国の最近の学校事情とともに、戦後の時代の変化というマクロな視点からみると、プレ・モダン（前近代）の「敗戦からの復興」「産業の振興」、モダン（近代）の「個性重視」「自主性の尊重」、そして、ポストモダン（近

表1-1　システムの特徴とネットワークの特徴（五百井，1997；若林，2009から引用）

システムの特徴	ネットワーク組織の特徴
（1）階層性と創発性 システムは2階層（全体システムと要素＝サブシステム）からなる。このとき全体システムの性質は部分の和以上のものであるように観察される。この全体の性質と部分の性質の和との差が，システムがシステムであることのシステム性により発生する「創発性」である。 階層性と創発性とは事象をシステムとして認知する上での対概念。 （2）コミュニケーションとコントロール システムがシステムとして存続を続けるからには，全体システムがその要素（サブシステム）の挙動をコントロールする必要がある。各要素が全く自由に行動したなら，システムは遠からず崩壊する。コントロールするには，全体システムは各要素の状態や挙動に関する伝達が必要。すなわち，階層間のコミュニケーションは必要。この意味で，コミュニケーションとコントロールはシステム維持に必要な対概念。 （3）自己組織性 自己組織システムとは，システムを維持するだけでなく自らをより複雑なシステムに形成していくシステム。これは，自己をより複雑にするような特殊なコントロールをシステム。すなわち，コミュニケーションとコントロール概念の特殊なケース。	（1）フラットで柔軟な結合 社会ネットワークが結合するもので，階層が低く水平的で緩やかな結合形態（ルース・カップリング）。多元的な社会的ネットワークから編成される組織形態。 （2）組織の壁を超えた協働 特定な目的を果たすために，従来の部門や組織の壁を超えて結合し，協働する組織形態。水平的で継続的な交換に基づいた調整により動いている組織であるので，分権的な秩序を形づくっていることが特徴。 （3）ネットワークを通じた資源や人材，情報の動員 社会ネットワークを通じて必要な資源や人材，情報へアクセスでき，また動員できる。そうしたことに有用な社会ネットワークは，それ自体が組織にとってネットワーク的な資源，すなわち，ソーシャルキャピタルである。 （4）外部環境が判断基準 外部環境を判断基準にした意思決定と行動を行う。部門や組織の壁を超えてネットワークで結合しているので，外部の常識，評価，価値観，判断基準が流入しやすくなる。 （5）自己組織的で柔軟な変化 ルース・カップリングした組織形態であるため，環境の変化に対して，自らを柔軟に構造変革，すなわち自己組織的に変化しやすい。

代以降）の現代ほど，「複雑性」「多様性」がキーワードとなり，創発を求められている時代はない。こうした観点から，管理型学級経営に代わって，「創発」を生み出す新しい学級経営が求められていることはいうまでもない。

本田（二〇〇五）においても，「近代型能力」が「基礎学力」であり，その中身は標準性，知識量・知的操作の速度，共通尺度での比較可能性，順応性，協調性・同質性を特徴とするものであった。これに対して，「ポスト近代型能力」が「生きる力」であり，その中身は多様性・新奇性，意欲・創造性，個別性・個性，能動性，ネットワーク形成力，交渉力を特徴とするものであると指摘している。これからも示唆されるように，今日の学校教育においては「創造性」や「創発」を生み出す教育が必要とされている。

第5章でも指摘されているように、文科省の委嘱研究である「学級経営をめぐる問題の現状とその対応（最終報告書）」（学級経営研究会 二〇〇〇）では、学級をさまざまなうごめきや混沌とした状況を潜り抜けながら、個人も集団もそれぞれの課題を発見し、成長するための契機をつかむ場と捉え、もともと学級は「形」のあるものではなく、授業や集団活動など多様な活動を通して新しく形がつくられるものとしている。その意図的計画的な営みが学級経営であると指摘する。このことは、学級経営の重要性を再確認するだけではなく、教師による学級の秩序形成そして成長へ向けた積極的関与が必要であることを示している。

(2) 学級の成長にとっての自己組織性

学級の秩序形成および成長にとって重要な課題として、組織の自己組織性が挙げられる。この自己組織性は組織そのものに限定された視点ではなく、学級の構成要素である個の行動から組織全体へのリンクであるミクロ－マクロなループの形成過程（高橋真吾 二〇〇〇）をも包括するものである。また、同じく学級の秩序形成および成長にとって重要で類似したテーマとして、組織活性化がある。組織が活性化した状態とは、高橋伸夫（一九九〇）の定義によれば、組織のメンバーが、①組織と共有している目的・価値を、②能動的に実現していこうとする状態である、と捉えられる。学級経営により、子どもたちによる学習・生活の両面における自主性・自律性を支え、人間形成に寄与する価値創造的な活動を実現するとともに、そのような学級風土を醸成していくことが求められることから、学級組織活性化は学級経営の一側面であるということができる。

これまで、蘭・高橋（二〇〇八a）は、学級組織の活性化に向け、システム理論に基づく自己組織性論を展開するなかで学級経営論の再構築を試みてきた。すなわち、管理型学級指導から脱却した新たな学級経営論としての自立型・自己組織型学級論を提案している。

（3）自己組織性と組織活性化に関わる研究

蘭・高橋（二〇〇八ａ）の展開する自立型・自己組織型学級論は、シナジェティック（相乗効果的な（Synergetic））な自己組織性論に依拠するものである。従来の平衡理論では、ゆらぎはシステムの存在を脅かす、あるいは構造を解体させる撹乱要因として位置づけられてきた。それゆえ、サイバネティクスのようにシステムの均衡状態へ向けて制御すべき対象とされた。しかし、今田（二〇〇五）によると、自己組織性論では、ゆらぎはシステムの存在や構造を脅かしたり解体したりする要因ではなく、別様の存在や構造へとシステムを駆り立てる要因である。そして、このゆらぎを含んだ微視的な要素が相互に協同し合って一つのパターンを生成する。それによる巨視的な反映がゆらぎの増幅であると捉える。ゆらぎは、平均や均衡に対してランダムにふるまうのではなく、ある方向性をもった動きをすることで、システムに系統的な歪みをもたらし、そこから新たな秩序パラメータが創発するのである。さらに、今田（二〇〇五）は、自己組織性の特性を、①ゆらぎを秩序の源泉とみなす、②創造的個の営みを優先する、③混沌を排除しない、④制御中枢を認めないことの四点に集約している。この自己組織性論の四つの特性は、「自己組織化で生まれる秩序」（今田　二〇一二）では、組織の活性化に向けた「自己組織化を促す四つの条件」として扱われている。

今後、このようなネットワークを活用した自己組織化する学級経営への理論的な考察をもとにした、実践的な学級経営の報告が待たれる。本書では、第2章、第3章、第7章などにおいて、学級経営に関する実践事例の報告がなされている。しかしながら、さらなる多くの実践的な学級経営の報告を得ることで、ネットワークを活用した自己組織化する学級経営に関する理論展開を図ることが望まれる。

引用文献

蘭千壽『変わる自己変わらない自己』金子書房、一九九九。

蘭千壽・高橋知己『自己組織化する学級』誠信書房、二〇〇八a。

蘭千壽・高橋知己『キャリアップ学級経営力　ハプンスタンス・トレーニング』誠信書房、二〇〇八b。

Axelrod. R., & Cohen. M.D. *Harnessing complexity*. New York: Free Press. 1999.（アクセルロッド、R．& コーエン、M．D．高木晴夫（監訳）寺野孝雄（訳）『複雑系組織論』ダイヤモンド社、二〇〇三。）

Barabási. A.. *Linked: The new science of networks*. Cambridge. MA: Perseus Publishing. 2002.（バラバシ、A．青木薫（訳）『新ネットワーク思考　世界のしくみを読み解く』ＮＨＫ出版、二〇〇二。）

学級経営研究会「学級経営をめぐる問題の現状とその対応—関係者間の信頼と連携による魅力ある学級づくり（最終報告書）」二〇〇〇。

本田由紀『多元化する「能力」と日本社会　ハイパー・メリトクラシー化のなかで』ＮＴＴ出版、二〇〇五。

今田高俊『自己組織性と社会』東京大学出版会、二〇〇五。

今田高俊「成熟社会を目指して」武田計測先端知財団編『自己組織化で生まれる秩序』化学同人、二〇一二、五七—八三頁。

五百井清右衛門『システム思考とシステム技術』白桃書房、一九九七。

河本英夫『オートポイエーシス　第三世代システム』青土社、一九九五。

狩野素朗・田崎敏昭『学級集団理解の社会心理学』ナカニシヤ出版、一九九〇。

Maturana. H.R., & Varela. F.J.. *Autopoiesis and cognition: The realization of the living*. Boston. MA: D. Reidel Publishing. 1980.（マトゥラーナ、H．R．& バレラ、F．J．河本英夫（訳）『オートポイエーシス　生命システムとは何か』国文社、一九九一。）

Milgram. S. The small world problem. *Psychology Today*. **2**. 1967. 60-67.

西口敏宏『ネットワーク思考のすすめ　ネットセントリック時代の組織戦略』東洋経済新報社、二〇〇九。

妹尾堅一郎「『創発する社会』に対する書評」『KEIO SFC JOURNAL』七、二〇〇七、一四二—一四五頁。

杉崎裕治「友人関係ネットワークとメッセージ伝達ネットワークの構造と、その時間発展」筑波大学大学院博士課程システム情報工学研究科修士論文（未公刊）、二〇〇八。

高橋伸夫「組織活性化への数量的アプローチ」『組織科学』二四、一九九〇、三七—四五頁。

高橋真吾「システム理論からの組織論へのアプローチ—組織学習の進化的システムモデルの枠組み—」『組織科学』三四、二〇〇〇、五九—六八頁。

田中熊次郎『ソシオメトリー入門』明治図書出版、一九七〇。

若林直樹『ネットワーク組織　社会ネットワーク論からの新たな組織像』有斐閣、二〇〇九。

Watts, D.J. & Strogatz, S.H. Collective dynamics of 'small-world' networks. *Nature*, **393**, 1998, 440-442.

第2章 自立を育てるネットワーク構築

第1節　自己組織的な創発学級の事例

(1)　学校・学級の概要

S中学校は、全校生徒約四百人の中規模校である。学区は広域で五つの小学校があり、生活環境も多様である。同校では、二、三年ごとに生徒たちが「荒れ」を繰り返していた。

二年生は全四学級。前年度に一学級が崩壊していた。四月、学級編成をおこない、担任教師三人が前年度からもち上がり、前年度三年生を卒業させた担任教師が二年生の担任に加わった。

二年三組は、生徒数全三十名。担任は、前年度からもち上がった四十代の男性教師であった。学級には、前年度崩壊した学級の中心生徒といわれていたA男がいた。そのため男子は、各教師から「おとなしい」といわれるような生徒によって編成されていた。それに比べると女子は、後に生徒会長になるB子、部活動の部長になるC子、D子、部活動で県大会出場を果たすE子など、自分の意思表示をしっかりおこなう生徒が多く、「三組は、気の強い女の子を集めたのですか?」と保護者からいわれるような学級であった。

学級開きの日、担任教師は「学級は、生徒がつくるもの!」と訓話して、生徒たちの自主性を尊重していく姿勢を示した。その一方で、生徒たちが互いに思いやりの心をもって接することを求めた。これは、Ａ男が軽い口調で他の男子生徒をからかう場面を、担任教師が前年度に何度かみてきたからだった。

さらに担任は、出身小学校や前年度の学級、所属する部活動の壁を越えて生徒間の交流を促進する旨を述べ、班長がおこなう班編成における条件を提案し生徒の承認を得た。四月下旬、最初の班編成では「前年度、同じ学級だった人、同じ部活動の人は同一班にはしない」こととなった。その後も、「同じ部活動の人は同じ班にしない」「同性は、二度、続けて同じ人同士が一緒にならない」などの条件により、これまで交流の少なかった生徒が同じ班になるように班編成されていった。班替えは、二〜三ヵ月ごとに実施され、一年間で八回実施された。Ｓ中学校は、清掃活動や給食当番などの諸活動は、ほとんどがこの班で活動することとなっていた。また、班内では交換日記として「班ノート」を毎日の輪番制として各自が記述した。これにより、生徒個々の内面における交流も促進させた。帰りの会では、「今日のＧＯＯＤ　ＪＯＢ！」として、その日に仲間のために活躍した人や、素晴らしいがんばりをした人を互いに認め合い、生徒が発表し合う機会を設けることが学年で統一されて実施された。一年三組の担任教師は、「今日のＧＯＯＤ　ＪＯＢ！」で生徒が気づかなかった仲間の良さを、率先して毎日の帰りの会で発表することに努めた。「給食準備のときに、床にこぼれたスープを当番以外の人が進んで雑巾で拭いてくれた。給食当番は、自分たちの仕事で手一杯なので、とても助かったし、このようなところから学級の仲が深まっていくのだと思う」。このように担任教師は話して、自主的な行為や仲間のための活躍を認め、その行為の学級集団における意味づけを常におこない続けることで、望ましい行動様式が広まることに努めた。

(2) 給食準備の自立的な行動

六月一日の四時間目、その日は男女別の体育の授業で女子だけ終了が遅れた。一人も女子が教室に戻らないことで、授業終了が遅れていることは男子にも明白だった。「このままだと、給食遅くなるかもね……」と担任がいうと、お腹のすいた男子生徒たちは、「俺たちで準備しようぜ！」といい出して一人二人と手伝う生徒が増え、結局は男子全員で女子の分まで時間内に準備を完了させた。遅れて教室に戻ってきた女子生徒たちは感激し、帰りの会の「ＧＯＯＤ　ＪＯＢ！」では、どの班からも男子の行動を称え、お礼の言葉が発表された。その後、男子だけが四時間目の授業終了が遅れることがあった。そのときは、「この前、男子がやってくれたから……」といって、女子だけで給食の準備をおこなった。このときも、男子が「ＧＯＯＤ　ＪＯＢ！」で女子の活躍を称えた。こうして、互いの活躍を認め合い、その認め合いが活躍を促進していく好循環へと発展していった。結局、この学級では、卒業まで男女のどちらかが四時間目に遅れると、必ず先に教室に戻った男女のどちらか全員が給食準備をするようになっていった。

この学級で主にリーダーシップを発揮したのは、女子集団であった。六月下旬にある二泊三日の自然教室におけるキャンプのスタンツ発表でも、女子がアイデアをまとめ、男子はそれに協力していた。担任教師は、なるべく口出しせずにその様子を見守り、帰りの会では生徒が気づかなかった良さを伝えることを続けた。自然教室当日、二年三組は野外でのカレーづくりで班の協力性が発揮され、すべての班が他学級の班よりもカレーづくりとその後片づけを早く完了させた。また、スタンツ発表では他学級の生徒が「三組って、まとまっているよね！」とうらやむほど、協力してコメディー劇を発表することができた。二日目の宿泊は、男女別のペンションでの分宿であった。悪天候のため下山が早まり、ペンション滞在時間が長くなった。教師の指示や監督がなくても、男女それぞれが各ペンションで仲良く、それでいて節度ある過ごし方をしているのを知り、担任はこの学級が順調に成長している手応えを感じていた。それは、予定外にできた時間こそ、学級の本当の姿が現れると思っていたからであった。

そのキャンプが終了した六月下旬、突然、Ｆ子の非行が始まった。初めは、授業エスケープから始まったが、夏休み中の家庭内でのトラブルをきっかけにして、一気に行動範囲を広げて家出を繰り返すようになっていった。

二学期の開始から約二週間後、Ｓ中学校では体育祭があった。同校体育祭では、毎年、二年生の学年種目は学級全員が一斉に跳ぶ「長縄跳び」に決まっていた。担任教師は、練習前に競技が上手にできるポイントを話した以外、練習中は口出しせずに笑顔で見守り続けた。二年三組の生徒たちは、よく練習に取り組んだ。このころになると、毎日の「ＧＯＯＤ　ＪＯＢ！」の発表も具体的で充実したものになり、「〇〇さんが、誰よりも大きな声を出してがんばっていた！」など、だれもが、級友の良さを積極的に発表できるようになっていた。担任教師も、「担当でもないのに、長縄を片づけてくれた人がいた」などと、生徒たちが気づかなかった貢献の発見に努め、それを積極的に認める発言を続けた。しかし、肝心の競技では苦戦した。縄の回し手に持久力のある適任者がいないことと、全員の息が合わないことが主な原因であった。みんなで大きな声を出して跳んでも、五、六回で誰かが引っかかっていた。多く跳べても十回ほどであった。このような場合、だんだんと険悪な雰囲気となり、互いに非難が始まる学級が多い。だが、この学級では誰かを非難することもなく、「もう一回、がんばろう！」などと励まし合いながら練習を続けた。「こんなにも跳べない学級」が初めてなら、「こんなにも、だれ一人、仲間を非難しない学級」も、この担任教師にとっては初めてであった。体育祭当日、三組は他学級と比べると記録は伸びなかったが、それでも彼らは自分たちの最高記録を出せたことを喜びあっていた。

Ｆ子は、体育祭二日前に家に戻ってきて登校したが、練習に参加していなかったこともあり、当日は、応援するだけで競技に参加しなかった。その後も、Ｆ子は遅刻しながらも登校した。Ｆ子の服装は、だんだんと奇抜な格好になっていった。しかし、学級のなかで彼女が授業を妨害するようなことは一切なかった。学級の生徒たちも、Ｆ子を特別視することなく、他の生徒と同様に接していた。ときには、班活動の一つである清掃をサボろうとするＦ子に対して、普通に班長のＣ子が「おい、やれよ！」と注意することもあった。Ｆ子も、口では「めんどくせーんだよ！」といいながらも、笑顔のまま清掃活動をおこなっていた。この学級では、茶髪で化粧をした女子中学生が、他の生徒と同様に雑巾がけをおこなっていた。

学級内では、Ｆ子を含めて協力的な雰囲気が広がっていたが、学年では二組と四組が学級崩壊していった。二組では、担任の高圧的な指導に対して生徒たちが反発した。四組では、担任教師の放任的な対応のあいだに、生徒のグループ間対立が激しくなり乱れていった。三組では、両脇の教室から、授業中に怒鳴り合う声が響きわたることや廊下をふらつく生徒も多くみられたが、それを特に気にする様子もなく学習活動や学級生活が普通に続いていた。

新年度に入り、この学級は担任教師も変わることなくそのままもち上り、三年三組に進級した。三年生では、学級崩壊した二組と四組の学級担任が替わった。三組では、落ち着いた学校生活が続いていたが、Ｆ子の非行はその後も続いていた。学年の教師間でも、Ｆ子の奇抜な服装などが他学級の生徒への悪影響となることが懸念されていた。そこで、Ｆ子が髪を黒く染め直し、制服を着てこなかったばあい、三年生のいるフロアには入れさせない方針が決められた。そのため、Ｆ子は登校してきても、一階の相談室に入り、自分の教室には入れないことが増えていった。五月、その対応に納得できないＦ子が、階段を上ろうとして学年の教師たちとやりあう場面となった。「その服装では、（教室には）入れない！」という教師たちに対して、Ｆ子は「（学級に）入れないなら、（学校に）来る意味ねーじゃあねーかよ！」と激しい口調でいったことを、担任教師は後から聞いた。

担任は、Ｆ子の非行の背景や、その気持ちを理解していた。そのため、学級の生徒には、「Ｆ子には、個人的な事情があるだけで、Ｆ子自身は特別でもなんでもない。学校では、みんなと同じように普通に接してほしい」と、話すにとどめていた。Ｆ子に対しては、その後も、奇抜な格好で登校した場合は、学年の方針として教室に入れない対応が継続された。そのためＦ子が学校に来ると、相談室で担任教師や養護教諭が彼女の話を聞く日々が続いた。話題の多くは、教師や家庭への不満と、自分の非行の自慢話であった。そんななか、学級で始まったのが、お昼にＦ子のいる相談室に女子が給食をもっていくことであった。学年の教師は、Ｆ子が他の生徒と接触することを心配していたが、担任教師は、学級の生徒たちを信頼してＦ子に会いに行くことは禁じなかった。初めは、Ｆ子と仲の良かったＥ子やＧ子らがもっていったが、その後、給食をもってＦ子に会いに行く生徒が増え続け、ときには給食当番以外のすべての女子が彼女のために給食をもっていくこともあった。そんな女子たちの行為に、Ｆ子は素直に喜んでいた。しかし、その後もＦ子の家出は不定期的に続いた。家に戻ると、異装による遅刻の登校、そして教室に入れない日々が二学期末まで続いた。

（3）高校受験を乗り越える学級のネットワーク

三学期に入り、三年三組の生徒たちは入試の時期を迎えた。Ｓ中学校のあるＫ県では、入学試験が主に四回に分かれて実施されていた。私立高校前期・後期入試、公立高校前期・後期入試の四回である。そのたびに、順次合格者が決まった。試験の回数が多い分だけ、合格できない生徒にとってはつらい状況となる仕組みであった。特に、最後の公立後期受験者に至っては、それまで最低一度は苦い経験をしていることもあり、精神的にも厳しい受験となる。担任教師は、常々、「学級の本当の力が問われるのは入試のときだ。同じ学級の仲間なのに立場が合格者・不合格者に分かれる。このときこそ、学級の団結力が問われるときだ！」と言い続けてきていた。この時期、志望校の選択決定を含め、担任はときには厳しい現実を生徒に伝えなければならない立場になる。また、最初の入試での不合格をきっかけとして、受験のたびに落ち続ける生徒を何度も目の当たりにしてきた。だからこそ、そんなときに同じ不安や苦しみや希望を共有し合い、互いに勇気づけられるのは、これまで生活を共にしてきた同じ学級の仲間に違いないと考えての発言であった。

そんな、学級の団結を大切にするために担任教師が導入したのが、帰りの会での生徒によるスピーチ活動であった。入試という難関が目の前に迫ったこの時期、生徒が互いに入試に向けての想いや入試での経験を共有し合うことが、彼らにとっての勇気づけになると考えての導入だった。そこで、帰りの会で（担任教師の話をやめて）「ＧＯＯＤ　ＪＯＢ！」の発表と、生徒たちが「いま思っていることや感じていること」を、自由に話す時間とした。順番は、話し好きの女子から、出席番号順に教室前方に一人で立ってスピーチをさせた。

実際に始めてみると、生徒たちの話の内容は、多種多様であった。なかには、緊張感を和ませようと、ウケ狙いの話をしてみんなを笑わせる生徒もいた。志望校受験までに学力が伸びなくて、「悔しいけど志望校を変える」話をする生徒もいた。そんなときは、教室中が静まり返り、学級全員がその生徒の気持ちに共感していることがだれにも伝わってきた。入試が先に終わった生徒たちのスピーチは、受験のときに「できる問題から解いたら気持ちが落ち着いた」など、これからも入試が続く生徒への具体的なアドバイスも多かった。Ａ男は、部活動の全国大会出場常連校に入学が決まった。彼は、入学後に部活動でレギュラーを取るため厳しいトレーニングを始めていることをスピーチした。それまで「努力するところをみられるのはカッコ悪い」と思っていたA男の初めての告白だった。彼の話に刺激を受けた入学後に運動部入部予定の男子たちは、入試が終わるとすぐに、気持ちを緩めることなく懸命にトレーニングに励むようになった。

二月中旬、公立高校前期入試前日の給食時間、担任に声をかけてきたのは、最初に私立高校入学が決まったH男だった。「先生、これ、みんなに配っていいですか?」中身は、彼がつくったチョコレートだった。「バレンタインデーが入試日と重なったので、みんなのためにつくってきた」ということだった。学級の男子からの手づくりチョコのプレゼント。そのサプライズで、教室中には歓声とともに和やかな空気が広がった。その後、この学級では、公立の後期入試の直前には、公立前期で進路が決まったC子が、手づくりチョコレートを持参した。その後も、卒業までの約一ヵ月間に五人の男女生徒による手づくりお菓子プレゼントがこの学級では続いた。その中には、自慢のチーズケーキをつくってきたA男も含まれていた。

二月末、公立高校後期入試の前日。その日の放課後も、帰りのバスを待つ時間までB子は教室で勉強を続けていた。B子が、県内でもトップレベルの高校入学を目指して休み時間も猛勉強していることは、学級のだれもが知っていた。B子と仲の良かった女子のほとんどは、公立前期入試で合格していた。そのため彼女たちも、前期結果発表後、B子に気をつかって話しかけないようにしていた。バスの時間になってB子が帰ろうとしたときだった。それまで遠くから見守っていたC子やD子らの四人の女子が、黙ったままB子を囲むように集まってきた。四人は、それぞれプロ野球選手がするような肘同士でのハイタッチをB子とおこない、互いに抱き合い背中を優しくたたき合っていた。その間、みな、黙ったままだった。帰り際に、B子が「じゃあ…」といって手を振り、四人も「じゃあ…」と手を振っていっただけだった。みな、それだけで心が通じ合えている様子だった。翌日の公立後期入試後、「自分の力をすべて出し切れた!」と話したB子は、無事に志望校に合格した。

Ｆ子の家出は、三学期に入っても不定期に続いていた。しかし、家出から戻った登校時の服装は、卒業式を意識して制服を着用するようになり、学級にも入れるようになっていた。

三月十三日、卒業式。Ｆ子も卒業式に参列し、学級全員がＳ中学校を巣立っていった。

第2節　自立を育てるネットワーク構築を導く指導

(1) クラスター間を結ぶリワイヤリングと「埋め込み」理論

本事例では、男女別の給食の準備、Ｆ子への給食配膳活動、入試時期の手づくりお菓子の差し入れ、そしてＢ子への励ましのハグとハイタッチと、生徒たち相互や仲間への配慮行動を媒介として彼らの自立的な活動を確認することができた。それぞれの活動には、特定の人物がリーダーシップを発揮するのではなく、自然発生的にだれかがやり始めると他のみんなも自主的に同様な活動をするところにこの学級の特徴があった。これは、この学級にネットワークが構築され、自己組織化行動による創発がなされたためだと考えられる。

それでは、この学級ではどのようにしてネットワークが構築されていったのであろうか。その一つが班編成の工夫にある。同じ部活動の人たちとは一緒に編成しない、同性の生徒同士は二度続けて同じ班にならないなどの二つの編成条件により、交流がほとんどない他の生徒と同じ班になることで協力行動をおこなうように編成された。生徒同士のネットワークを活用した学級経営においては、生徒の「インフォーマル・グループ」と、「フォーマル・グループ」の両面からのネットワークを生かすアプローチが不可欠になる。土井（二〇〇八）は、近年の学級では「小さなグループの内部で人間関係が完結してしまい、クラス全体の統一感や一体感が生まれにくくなっている」と指摘している。これはインフォーマル・ネットワークのクラスター（小集団）化が進んでいるためである。このようなクラスターは、内輪では互いに助け合うことが検証されている（Axelrod　一九八四）。一方で、このような人間関係は、学級経営からも見落とされがちで、組織内にさまざまな障壁をつくっていることも少なくない。特に、どのクラスターともネットワークを築くことのできなかった生徒は、学級において孤立することとなり、このような孤立が、生徒の学級不適応を招いている。そこで、生徒の孤立を防ぐためにも、教師の意図的なリワイヤリング（rewiring：ネットワークのつなぎ直し）が必要となる。そのための方法が、本章で紹介しているフォーマル・ネットワークの構築にあたる班編成の条件設定である。これにより、インフォーマル・ネットワーク以外の生徒と同じ班になり、班活動を通して、生徒は新たなネットワークづくりの機会を得ることとなる。しかし、人間は、本来気の合う仲間で集うものである。「類は友を呼ぶ」といわれてきた通りである。そのため、このような複数のインフォーマル・ネットワークを含有する班編成では、趣味や意見、考え方などの相違により、対立や軋轢が生じることが予想される。

しかし、事例の学級においてはそのような事態は認められなかった。そのための仕掛けが、担任教師による学級の生徒の良さを率先して認め続ける姿勢であり、「今日のＧＯＯＤ　ＪＯＢ！」のような互いの良さを認めあう活動だと考えられる。

グラノベッター（二〇〇六、Granovetter 一九七三）は、「行動と制度は進行中の社会関係に非常に拘束される」とし、「行為者の目的的行為の試みは、具体的で進行する社会関係のシステムに埋め込まれている」と述べている。すなわち、学校外で非行に走る生徒でも、学級の仲間と良好な関係を築き、その仲間を大切に思えば学級の風土に合わせて生活するわけである。

事例の学級では、四月から担任教師が率先して生徒の良さを積極的に認める姿勢を示し続けていた。また、班編成の工夫により学級内における新たなネットワークづくりも継続しておこなわれていた。ネットワークへの「埋め込み」によって、「社会構造の影響や文化の共有がネットワークを媒介して起こる」（若林 二〇〇九）とされ、「ネットワークの仲間の評判などのプレッシャーや共感に基づいた信頼関係こそが規律をもたらす」（中野 二〇一一）と考えられる。事例の学級では、担任教師の姿勢がネットワークを媒介して広がり、「ＧＯＯＤ　ＪＯＢ！」のような認め合い活動により、生徒間における信頼関係や規律が形成されたと考えられる。

一方、事例の学年では、全学級で「今日のＧＯＯＤ　ＪＯＢ！」として認め合い活動が実施されていた。しかしながら他の学級では、活動が形骸化して学級崩壊へと至っていた。また、事例の学級においても、学校のルールを守れない非行生徒Ｆ子が在籍していた。しかし、学級における彼女の行動様式そのものは、服装を除けばほぼ学級の文脈に沿った活動をおこなっていた。これらは、結局のところ、生徒たちがどのようなネットワークに属し、どのような学級文化に埋め込まれていたかの相違によるものだと考えられる。

以上ここまで、自己組織的な創発学級を構築するための、生徒のインフォーマル・ネットワークのリワイヤリングと、それを可能にした担任教師の指導姿勢と「埋め込み」について考察した。

(2) 自己組織的な創発学級の強さ

ところで、このようなインフォーマル・ネットワーク（クラスター）間、もしくはクラスターと個をつなぐ班編成（リワイヤリング）は、ネットワーク論におけるショートカット（近道）にあたる。これにより、学級内において、弱い紐帯の強み（Granovetter　一九七三）を活用することができるようになる。すなわち、インフォーマル・ネットワークが異なり、意見や考え方も異なる生徒と班活動を通して生活することは、生徒にとって、これまで気づかなかった考え方や知らなかった情報をもたらし、それが新たな発見や成長につながると考えられる。また、このような班編成（リワイヤリング）は、新たな出会いを生み出すことでフォーマル・ネットワークによる構造的隙間（Burt　一九九二）を埋め、生徒の孤立化を防ぐことにも通じる。

西口（二〇〇七）は、ランダム性の高いリワイヤリングによる短縮された接続関係を「遠距離交際」（long distance relations）、近隣の密接な関係を「近所づきあい」（local or embedded relations）と呼んでいる。そして、自己相似的なフラクタル（fractal）連鎖のようなネットワーク構造が、打てば響く関係を自己組織化する仕組みだと述べている（西

口　二〇〇七）。

本事例においては、遠距離交際が班編成のショートカットによる新たな出会いの関係であり、近所づきあいが、クラスター内におけるインフォーマル・ネットワークということができる。この学級では、B子への入試前の励ましの場面から、仲間を支援しようとする関係がクラスター内で認められるとともに、学級全体においても、手づくりお菓子の差し入れから、このような関係が広がっていたことを確認することができる。同様に、男子だけによる学級全員の給食準備活動や、F子への給食配膳活動がクラスター内から始まり全体へと広がったことも確認された。このようなネットワークの構築は、入試前の学級全体へのスピーチを通して、さらに深まっていたと考えられる。中野（二〇一一）は、人がネットワークをつくる原理の一つとして他人への共感などの「感情的な行為」を挙げている。事例の学級では、入試が近づいた時期に学級全員の前でのスピーチが実施されていた。これにより、生徒たちは入試への不安や恐怖、卒業への想いなどを共感し合っていたと考えられる。このような情報の共有と共感の広がりが、個々やインフォーマル・ネットワーク、さらには学級全体につながる自己相似的なネットワークを、より強固にしていったと考えられる。西口（二〇〇七）は、「情報伝達の全体経路を決定づけるトポロジー（topology）が重要であり、規則性のなかにも、一部にランダム性を残し、適宜、遠くへもリワイヤリングできるネットワークは、環境異変への耐性が強く、ロバスト（頑健）である」と述べている。二月上旬から三月上旬までの一ヵ月のあいだに四回に分かれておこなわれる高校入試は、同じ学級の生徒たちに合格者・不合格者という立場の違いを一時的にしろ鮮明に生み出し、学級内のネットワークや生徒個々が危機的な時期にある。このような時期に、事例の学級では、手づくりお菓子の差し入れや、B子への励ましのような自己組織的な創発活動が起こり、この学級がロバストであったことを表している。

それは、言い換えれば、人生の試練ともいうべき入試の時期にもかかわらず、この学級では、ネットワークを土台として生徒個々ならびに学級集団が、たくましく成長し続けていたことを表しているといえよう。

以上をまとめると、①教師の意図的なネットワークのリワイヤリング、②担任教師の率先垂範による認め合い文化の創造と、「埋め込み」による生徒の信頼関係や規律の形成、③情報の共有と共感による生徒個々と学級集団の成長、これらの連動により、自己組織的な創発学級が形成されたと考えられる。

引用文献

Axelrod, R. *The evolution of cooperation.* New York: Basic Books, 1984.（アクセルロッド、R．松田裕之（訳）『つきあい方の科学　バクテリアから国際関係まで』ミネルヴァ書房、一九九八。）

Burt, R. S. *Structural holes: The social Structure of competition.* Cambridge, MA: Harvard University Press, 1992.（バート、R．S．安田雪（訳）『競争の社会的構造　構造的空隙の理論』新曜社、二〇〇六。）

土井隆義『友だち地獄「空気を読む」世代のサバイバル』筑摩書房、二〇〇八。

Granovetter, M. S. The strength of weak ties. *American Journal of Sociology,* **78**, 1973, 1360-1380.（グラノベッター、M．S．野沢慎司（編・監訳）「弱い紐帯の強さ」『リーディングス　ネットワーク論　家族・コミュニティ・社会関係資本』勁草書房、二〇〇六、一二三—一五八頁。）

中野勉『ソーシャルネットワークと組織のダイナミクス　共感のマネジメント』有斐閣、二〇一一。

西口敏宏『遠距離交際と近所づきあい　成功する組織ネットワーク戦略』NTT出版、二〇〇七。

若林直樹『ネットワーク組織　社会ネットワーク論からの新しい組織像』有斐閣、二〇〇九。

第3章　学級と家庭のはざまで生きる子どもたち

第1節　子どもが変われば　おとなも変わる

(1) あつしくん(仮名)との出会い

当時、五年生の担任だった私は、休み時間になったので職員室に戻ろうと三階の教室から一階まで降りていった。そのときである。階段のすぐそばにある一年生の教室の前に人だかりができていた。「どうしたのだろう?」とのぞいてみたら、その人だかりの中心にいたのが「あつしくん(仮名)」だった。

同じ校舎内にいるのだから、あつしくんとはきっとずっと以前に出会っていたはずである。しかし、あれが「あの」あつしくんだったのかと気づいたのは、彼が一年生に入学してから一月ほどたった五月半ばのこの日のことであった。

学校は、中核都市のベッドタウン的な場所にあり、各学年三学級程度で全校児童が六百人弱。普通学級のみの構成であり、近年、発達障がいを抱えた生徒への対応のために特別支援学級の設置要求は高まってきてはいるものの実現には至っていない。学力はその地方の平均ぐらいである。児童はさまざまな習い事を経験したり、スポーツクラブに所属したりと、総じて活動的である。会社員や農業、漁業など家庭の職業はさまざまで、学校教育には比較的熱心な家庭が多い。学校の職員は普通にいろいろなことを気軽に会話でき、管理職との関係も比較的良好である。職員の構成も男女がバランスよく配置されており、四十代の女性教師である私にとってもとても居心地の良い職場環境である。

そんな職員室でも、あつしくんについての話題は先生たちの会話や職員会議などで何度も取り上げられ、名前を耳にすることが多かった。幼稚園からの引継ぎでも話題になった子で、だいぶ年の離れたお兄ちゃんとお父さん、お母さんの四人家族。どうやら発達障がいを抱えているらしいということ、通常の学級集団には適応できていないこと、入学式直後から教室内でいろいろとトラブルを起こしていることなどは、教職員の間でも共通理解されていた。だが、自分の担任している学年も、家庭の事情を抱えた他県からの転入生や発達障がいの子もおり、正直なところ当時はそれほどあつしくんについては意識をすることはなかったのだが、その日の騒ぎは普通ではなかった。涙やよだれ、鼻水を流しながら大声を上げてわめきちらし、彼をなだめようとしている特別支援教育支援員の先生（以下、支援員先生）や担任に、殴りかかったり蹴りつけたりしていたのだ。「やめなさいよ」「ダメだよ」と、周りの子どもたちが注意しても、もはや聞く耳をもっていなかったあつしくん。休み時間の始まりということもあり、一年生の教室前の廊下は大騒ぎであった。

通りかかった私は、そこにいる子どもたちをかき分けてあつしくんのところに近づき、抱きかかえるようにして彼を保健室に連れて行くことにした。「クールダウン」させないことには、どうしようもないと考えたのだ。その後、他の先生方もかけつけ、周囲の子どもたちを休み時間の校庭へと誘導してくれたので、やっと静かな廊下に戻ることができた。

養護教諭の先生にあつしくんを引き渡すと、職員室に戻り仕事をしていた。やがて、担任と支援員先生が来て、先ほどの件についてのお礼かたがたいろいろな事情を話してくれた。どうやら授業中に友だちとトラブルがあって、それを止めに入った担任や支援員先生のことがあつしくんの意に添わずにかんしゃくを起こしたらしいというのである。保健室に行き、養護教諭が落ち着かせるようにしているのだが、まだ興奮が収まっていないらしい。そんな話を聞いているうちに休み時間も終わり、私は教室に戻っていった。

その後、あつしくんは教室にうまく戻れたのか気になっていたが、自分の教室から出ることはなかったので何も知らないままだった。放課後になり職員室に戻ると、何か妙な雰囲気がそこには漂っていた。

（2）家族との面談

「なにかあったのですか？」。たずねると、隣の席の先生が教えてくれた。「あつしくんのお母さんが校長室に来ているんですよ」。あつしくんは、保健室に行った後もうまくクールダウンができなかったらしい。そこで養護教諭や担任、教頭らが相談して母親を学校に呼び出して、対応を協議しようということになったのだという。固く閉ざされた校長室の扉の向こうからは、ただならぬ雰囲気が感じられる。「もう一時間以上にもなります」。そう教えてくれた先生の顔も曇りがちである。

午後五時が過ぎたころ、やっと校長室のドアが開き、母親は出てきた。あつしくんは、母親と会ってうれしいのか、何事もなかったかのようににこにこと笑いながら帰って行った。その後、再び校長室のドアは閉められ、校長、教頭、担任、養護教諭、生徒指導主任、学年主任らが集まって会議が続いたのだった。

（3）家族と学校の認識のずれ

翌日は定例の職員会議の日だった。その冒頭で教頭から、あつしくんの母親との話し合いについての報告があった。それによると、どうやらあつしくんの母親は、幼稚園や学校の対応に関して不満を抱いているようであった。「うちの子だけが悪者にされる」「先生は公平にみてくれない」「なにかあるとすぐ病気扱いにする」というような訴えが、繰り返されたという。教頭がいうには、母親としてはあつしくんの学校や幼稚園での実態をうまくつかめていないのではないか、そのために学校や園のいうことを信じられないのではないか、ということであった。つまり、どのくらい教室で不適応を起こしているのか正確には理解していないのではないのか、というのである。その後、担任や支援員先生からも報告があったが、現状では学級集団のなかで学習をしたり協同で活動したりするのは無理であろうというのであった。発達障がいを抱えているらしいことは、就学時の健康診断でも指摘されていたし校内の就学指導委員会でも話題になったのだが、保護者からの承諾が得られないために医療機関による受診ができずここまできていた。現在の状態からも学校側の認識としては発達障がいが強く疑われるのだが、そこから先に進んでいない。学校としては、支援員先生に加えて担任外の職員で個別指導的な対応をしていこう、と確認して、その場は終わったのだった。

（4）秘密の授業参観

あつしくんの様子は、その後も一進一退であった。支援員先生はときにあつしくんに蹴られたりしながらも優しく接していたのだが、あつしくんの状況はあまり変わらなかった。やがて二年生になったあつしくんの担任も支援員先生ももち上がることはなく、他校へ転任していった。新しくあつしくんの担任になった教諭は、新しい支援員先生と担任外の男性教諭の力を借りて、何かことが起こると別室に連れていくという対応をとり、うまく学級経営をおこなおうと努力していた。しかし、このままではあつしくんにとっても周囲の子どもたちにとってもけっして好ましいことではないことは明らかだった。

ある日、学校は大きな決断を下した。それは、あつしくんの日常的な状況を家族に参観してもらうことだった。日常的な状況というからにはあつしくんに家族が参観に来ることは内緒にして、まさにナマの実態をみてもらうことだった。「家族は反対するんじゃないか？」。職員は、ほとんどのものがそう感じていた。でも、このままじゃ何も解決しないのだから、家族に真剣に向き合おうと決断に至ったのだ。その後、家族と連絡を取ったところ、なんと「みてみたいです」と反応が返ってきた。おそらく母親としてもわが子の様子が気になっていたのだろう。ある日のこと、それは決行された。あつしくんには内緒にしておいて、母親が学校に来て実際の授業場面を参観するのである。その日は普通の授業日だったのだが、それは校内の関係者にとって大きな出来事だった。気のせいか、朝から微妙に張り詰めた感があった。そして秘密の授業参観はおこなわれた。

(5) 母親の驚き

当日はあつしくんの母親は朝からとても上手にふるまったらしい。本人に気づかれることなく学校に送り出し、三時間目が始まって少したった十一時ごろに来校した。そのとき、あつしくんは廊下に出て、支援員先生に暴力をふるっていた真最中だったそうだ。母親は、あまりの出来事にショックを受けて立ち尽くしていたらしい。しばらくして母親の存在に気づいたあつしくんは、びっくりして教室を飛び出し校舎内を走り出した。やっと追いついた支援員先生があつしくんを保健室に連れて行っているあいだに、母親は校長室で担任や担当者と面談を開始することになった。

まさに事態が大きく動いたのはそのときだった。私たち学校の職員にとっては日常的にみられるあつしくんのふるまいだったが、母親にとっては初めてみたわが子の姿は大きな衝撃だったのだろう。そうした実際のあつしくんの姿をみて母親は、大きく心を揺さぶられたのだと思う。かねてから学校側がお願いしていた医療機関の受診を了解してくれたのだった。母親に来校を依頼した所期の目的は達成されたのである。

医療機関の受診結果が、数週間後に学校にも報告されてきた。それによると、やはりＡＤＨＤ（発達障がい）という診断であった。学校も家族もその報告結果は予想していたことであり「やはり」という印象であった。診断があってもなくても学校の対応に変化はなかったのである。母親は、その診断書をもって来たときに、これからのことについて話していったのだが、投薬治療を勧められたものの「本人が嫌がるので」飲ませることを強くは勧めていなかった。そのためあつしくんの状態は、あまり変わることはなかった。

(6) あつしくんの担任に

一年が過ぎ、六年生の子どもたちを無事に卒業させることができた。次の年はあつしくんの担任となった。

そこから、あつしくんに関する引継ぎが長い時間おこなわれた。あつしくんを挟んで両親のいさかいがみられることや、あつしくんの家庭での顔と学校での顔がちがったりすることなど本人の特性や家族との関係性の取り方などが主な内容であった。支援員の先生への暴力も周囲からはうかがい知れないほど大変だったらしい。学校でのテストなどもうまく受けられず、学習の定着も十分でないことなど、担任からの情報に触れてみると、同じ校内にいても見えていなかった部分が多くあると痛感させられた。そして、どうやらあつしくん自身が、自分がキレたときの周囲の対応から、かなりわがままに自分の主張を通そうとしていることがわかった。こうしたいろいろな情報に触れながら、期待と不安が入り混じった状態で始業式を迎えることになった。

(7) 最初で最後のトラブル

三年生になったあつしくんは、最初にやらかした。学級替えがあったばかりでお互いに初めてのメンバーだったせいか、些細なことからいい合いになり、あつしくんが友だちに殴りかかろうとしたのである。思いのほか力が強かったあつしくん。それをやっとのことで止めたのだが、そのとたん大声でキレ始め、「家に帰る！　もうこんなところに来ない！」と叫び始めたのだ。いつもは、それを必死でなだめる対応をしていたのだが、そのときは違った。彼のわがままで自己中心的な行動を戒めるのはここだ、と思った。

「そんなこと言っていないで早く座りなさい！　友だちみんな待っているし、次に進めないでしょ！」と、負けないような大声を出した。するととたんにあつしくんは、驚いておとなしくなった。そんな対応をされたことがなかったので、面食らったようだ。すかさず、「ほら、先生の方が声が大きいよ！　はい、座って」といったら、静かに自席に戻っていった。「ね、先生は声が大きいでしょ！　びっくりした？　ははは」と笑ったら、あつしくんと同じように驚いていた子どもたちも、ほっとしたように笑い出し、その場はそれで収まった。結論からいうと、あつしくんが人前で大暴れしたのは三、四年生の二年間でこのときが最初で最後であった。不思議なことに、このとき担任とあつしくんとは何かつながったような気がしたのであった。

(8) 変わり始めたあつしくん

それからのあつしくんは、担任の周りになぜかべたべたといるようになった。叱った後なのになぜか、なついたのである。休み時間のたびに担任の机の周りにいるようになった。いろんなことを話したがる。「お父さんとね。遊びに行った」「へえー。そうなんだ」。そんなたわいもないことまで話してくれるようになった。ときには他の子も机の周りに寄って来ることがあるのだが、そんなときは最初のころは面白くないような表情を浮かべたり、すねたような態度でどこかに行ってしまったりすることがあった。しかし、そんなときでもキレることはなく、「順番ね」、と声をかけるとおとなしく待っているのであった。そんなときには、順番を待ったことを褒めてあげながら、休み時間が終わった後でも彼の話を聞いてあげることにした。そんなときに他の子が「先生、時間ですよ」と教えてくれたとしても、「あつしくんが待っていてくれたからね」といって必ず彼の話を聞くようにした。

それでも、時々は友人たちのふるまいに不満を募らせるような表情をすることはあったが、そんな表情をするたびに話しかけたり、用事をお願いしたりしながら気をそらせることを心がけていった。そんなある日のこと、母親から学校に電話があった。ちょっといろいろあつしくんについて聞きたいことがある、ということだったのでこちらから家庭訪問することにした。自宅を訪問したときに、母親から出たのは意外な言葉だった。「あつしは大丈夫ですか?」「ええ。全然大丈夫です。立派に生活していますよ」「何かあったら遠慮なくいってくださいね」ということだった。特に普段の生活で何も問題を起こすことがないので何も連絡していない、と伝えると、「そうなんですか。家では今度の先生は何も連絡くれない先生だね、と話していたところでした。きっとあつしは何かしでかしているから後でいろいろいわれるんじゃないかと心配していました」と答えてくれた。なるほど、母親としては、学校から連絡が来るのはいやだけど、なければないで不安なのだ、とそのとき気がついた。そこで、母親とはそのとき約束した。「毎日、連絡ノートをあつしくんに持たせます。それを見てください。見たら、見たサインをくださいね」と。女性同士という安心感もあったからなのだろうか、その日から、担任とあつしくん、母親との連絡帳のやりとりは続いた。数回、お父さんが参加することもあった。そのころになると、ようやく医療機関の指示に従い、服薬するようになってあつしくんの態度も好転してきた。

担任は、毎日のあつしくんの生活態度について報告した。普通に笑って、普通に授業を受けて、普通に担任と話しているることが、両親にとって特別であることをわかっていたから。そしてそれは嘘や偽りではない、あつしくんの日常だったから。他人とトラブルを起こすことはないわけではないが、それはだれにでも起こりうることであり、それはあつしくんにとっての大切な学習であり、同時に周囲の子どもたちにとっても大切な経験であると考えたからだ。多少のいざこざは家庭に報告するほどではないと判断し、担任のところで解決すれば良しとした。実際にあつしくんは、日々変わっていった。それを担任が本人に伝えると同時に、ときに彼の目の前で母親への連絡ノートを書いた。「今日は、あつしくんは掃除当番をがんばりましたよ」、などと書いているのを隣で見ているあつしくんはとてもうれしそうだった。それを読んだ母親が「家でもうれしそうに話してくれたので、よくがんばっているね、と声をかけたらうれしそうでした」と返事を書いてくれようものなら、早く連絡ノートを担任に見せようと、朝から廊下で待ち構えているのだった。

そのころになると、周囲の子どもたちもあつしくんの変容を認めるようになり、それぞれの家庭でも話題にしたのだろう。あつしくんの母親の耳にも周囲から良い情報が伝わるようになっていったようだ。授業参観のときなど、以前は見られなかったのだが、周りのお母さんたちと楽しく談笑する姿を見かけることが増えてきたのである。

(9) あつしくんの変化と学級集団の変化

四年生になり、あつしくんはなんと学年の代表委員に立候補した。それはとても驚いた出来事だった。周りのみんなもあつしくんの成長を認めていたので、それを否定する者はいなかった。うれしそうなあつしくんに、よかったね、と声をかけたら、問わず語りに彼は話し出した。

「なんか、前は学校で失敗すると先生に怒られるし、悪いと思っているんだけど、それでもまた家に帰ってから怒られるからいらいらしていました。最近は怒られないから、楽しい！　みんなも優しいし！」。あつしくんは

表３－１　あつしくんと学級集団の変容

時　期	あつしくんの様子	学級集団の様子
入学直後から二年生まで	わがまま。自分中心。学級集団になじめず，支援員の先生にも抵抗。しばしば暴力的になり，教室を飛び出すことも。	周囲の子が注意。友人とよくトラブルを起こすあつしくんを避けがち。一緒に活動することを嫌がる雰囲気。
三年生になって早々	自分の思い通りにならず大騒ぎ。担任に叱られる。そこで，本人の内部で行動を変容させていく。	あつしくんと担任とのやり取りを見守っている。
数ヵ月後	担任のそばに寄ってくるようになる。順番を待てるようになり，次第に生活が落ち着いてくる。	担任とのかかわりの中であつしくんが落ち着いてきているのを確認している。普通に接することが多くなる。あつしくんと活動する子が増えてくる。
四年生になって	表情も明るくなり，いさかいを起こすことはなくなった。代表委員に立候補する。	あつしくんが代表委員に立候補しても，だれも反対する者はいなかった。あつしくんの成長を認めていて，支えてあげようとしていた。

なりにいろいろ考えていたのだなあ、とそのとき教えられた気がした。

「あつしくん。みんなに代表委員よろしくお願いします、っていわれてうれしかったでしょ」「うん」「だったら、がんばらないとね」「はい！」。そのやりとりは、その日の連絡ノートの大きなネタになった。翌日の母親の返事には、こう記してあった。「あつしが代表委員になったと聞いて、家族でびっくりしました。あつしのお兄ちゃんが『あつしできるの？』と聞いたら、『大丈夫』って。思わずお父さんと泣きそうになりました」と。

あつしくんは、代表委員になることでみんなの前に立つことも増え、さらに一歩ずつ階段を上っていった。それは、周囲の友人たちとの関わりのなかで獲得していったあつしくんの「力」なのだが、同時にそういうあつしくんとつきあいながら見守り続けた周囲の友人たちの成長の過程でもあるのだと思う。代表委員に「なる」ことが大切なのではなく、代表委員で「ある」あつしくんを支える友人たちの成長が、あつしくんの成長を支えたのである。

こうしてあつしくんとその友人たちは、時々もめ事を起こし、たまにけんかしながら、それでもみんな楽しい日々の思い出を胸に、五年生へと進級していったのであった。次に、あつしくんと学級集団の変化の様子を時系列的に整理する（表３－１）。

第2節　子どもと家庭と学校が結ぶネットワーク

あつしくんの成長を支えたのはなんだろう。この事例には、実践の場で発達障がいを抱えた子どもたちを担任する教師の悩みを解決するためのヒントが隠されている。

あつしくんの母親は、当初学校に対して大きな不信を抱えていた。自分の子どもに対する学校や教師の対応に不満をもち、その不満が不信となり、学校の対応に対して反発していったと考えられる。本来は、あつしくんを中心にしながら協力していくことが望ましい学校と母親（家庭）の関係性がねじれて分断され、学校からあつしくんへの指導も、母親とあつしくんからすると一方的な押しつけに感じたのかもしれない。そのため母親はわが子を守ろうとして、わが子に対する偏愛を強めていったと考えられる（図３－１）。

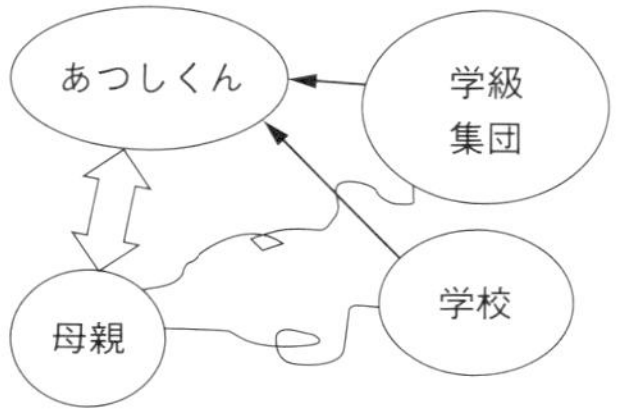

図３－１　当初の様子

ところが、担任が替わって異なった対応がおこなわれるようになった。それまでは、何か起きると教室から別室に連れ出してあつしくんのクールダウンを図ろうとしていた。それは彼が自分の主張を通してその場にいなくても済むことを習慣づけることになった。それに対して、三年の担任はなるべくあつしくんを教室にとどまらせるようにした。そして集団の中に彼を位置づけることで彼を変容させようとした。担任は、みんながいる教室の中で積極的に彼と話をするとともに、他の子とも担任が話をすることを見守ることを経験させた。そのことで、あつしくん自身もみんなと同様にふるまうこと、「待つ」という集団におけるルールを守らなければいけないことを学んでいったのである。

担任はあつしくんが日常生活の中で集団ルールを獲得していく様子を連絡ノートに書き、家族に伝えていく。それはあつしくんの学校での生活を伝えるノートである。それまでは、「何か起こったとき」の報告や「してほしいこと」の要請として機能していた学校からの連絡が、あつしくんの学校生活を可視化する連絡になった。そこには日々の成長の様子や努力のあとが記されており、家族にとってもうれしいことがたくさんあったに違いない。

　こうしたあつしくんの変容には、彼を支えてくれた学級集団の成長が欠かせない。予期せぬ行動を取ることが多かったあつしくんを温かく見守り、他人の成長を認められる集団の存在があってこそあつしくんも大きく変わることができたのである。担任の指導のポイントもじつはここにある。あつしくんの対応に配慮しながらも、あつしくんへの対応を学級集団に「見える」ようにおこなっている。話をしたいときは待つこと、きちんとルールを守っていると先生は時間外でも話を聞いてくれたりすること、そうしたふるまいはあつしくんに対しての指導であると同時に集団に対しての指導であるといえよう。集団の子どもたちは、誰かの行動に対する教師の対応を見て学んでいるのである。あつしくんへの対応は、同時に学級の中の子どもたち一人ひとりへの対応であることを学んでいるのだ。

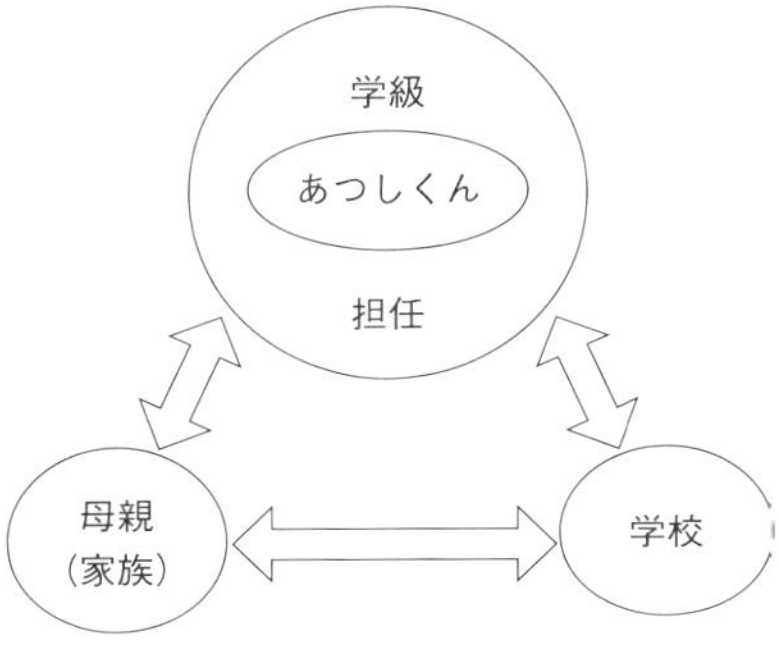

図3－2　構築されたネットワーク

　こうしてあつしくんは、学級集団のネットワークの内部に位置づくことができた。担任はそれを見守りながら家庭へと発信する。そのことはあつしくん自身がもち帰る連絡ノートによって家族が確認することになる。学校での成長を確認できる喜びが家族に生まれ、家庭内でのあつしくんの位置づけも叱られる子ではなく、成長するわが子へと定位し直されることになったのだろう。そんなわが子の成長を、学校とともに見守っていこうとする家族の信頼が学校に向けられたとき、大きなネットワークがそこに生まれるのである（図3－2）。

（1）ネットワーク分析

学校の役割は学級担任を含む学級を見守ることにある。担任と家族という二者間の関係を含むネットワークの外にあることが、大きな意味をもつ。当初、家族は学校に対する構えと担任に対する構えを同一視していた。どちらもわが子に敵対するものとして感じていたかもしれない。

ここであらためてあつしくんの事例を基にしながらネットワークの視点からみた学級経営のありかたについて考察してみたい。ネットワーク分析については若林（二〇〇九）や渡辺（二〇〇六）が、ポランニー（Polanyi, K.）やグラノベッター（Granovetter, M.）らの先行研究を踏まえて解説している。ここでは、彼らの論考を基にしながらその概念を学級経営論に援用することの意義を伝えていこうと思う。人間関係のつながりを「ネットワーク」としてみるネットワーク分析に基づく組織理論は、人間が営むさまざまな活動が社会の構造や文化に影響を受けていることを前提としている。つまり、個々の活動は、それぞれが切り出されて単独で構成されていることではなく、社会に埋め込まれているとする「埋め込み理論」を基にしている。学級集団における生徒や教師の活動をネットワークとして考えようとする本章においては、こうした埋め込み理論の概念を参照しながら教室におけるネットワーク分析を試みる。

（2）学級に埋め込まれたネットワーク

例えば若林（二〇〇九）は、英国と日本の盗難保険料の違いを例にして埋め込みの例を説明している。英国では盗難が起こる頻度の高い地域に住んでいる住民に対しては保険料が高いが、地域間の差別につながるとして日本ではこうしたやり方を用いない。そこに二つの国の価値観が埋め込まれている。保険料から地域間格差や個人の責任に対する社会の価値観が浮かび上がってくる。

あつしくんの学級のネットワークにもこうした学級社会独特の価値観が埋め込まれていたと考えることができる。小学校低学年の生徒は、教師の指示を懸命に聞こうとする。学級にいる何割かは指示に対して適応しようと懸命になり、

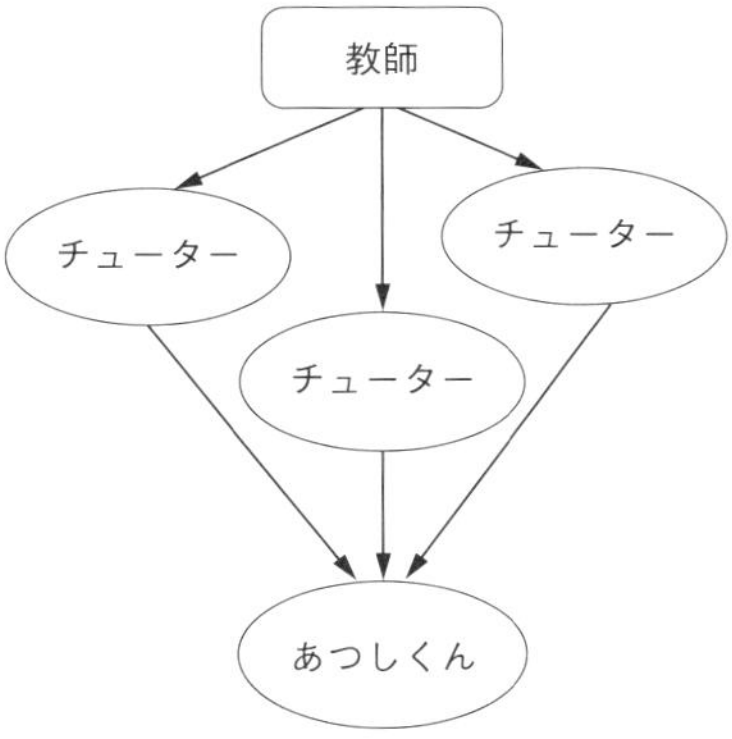

図3-3　教師とチューターによるあつしくんの行動の叱正

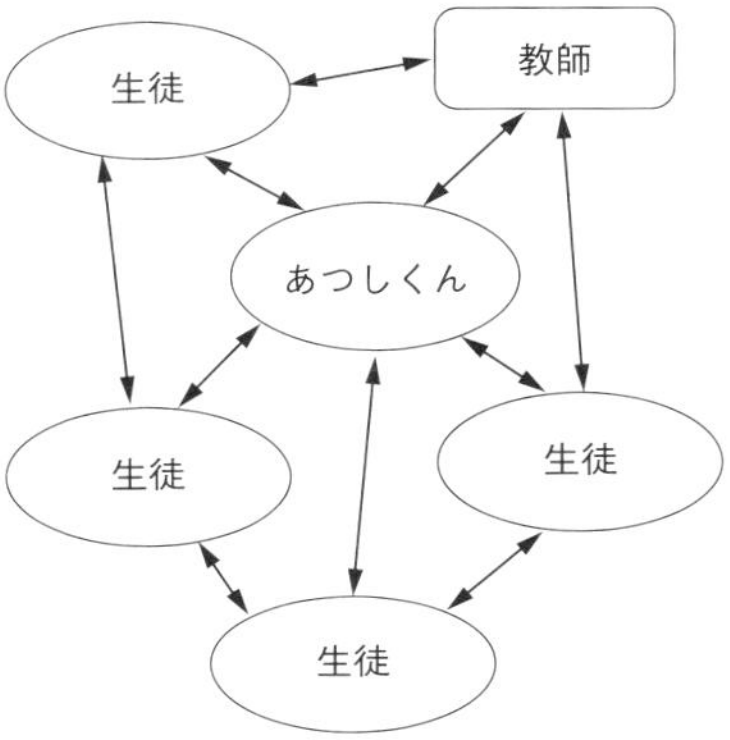

図3-4　並列型のネットワーク構造

何割かはなんとか指示についていくことができる。そして少数が指示に対して適切に応じることができない。すると教師は、指示を守れる生徒を活用しながら学級集団全体をまとめようとすることが多い。リーダーを抽出し彼らを「ミニ先生」として他の生徒の指導役に抜擢するのである。こうした小集団による管理システムは効率的であり、学習システムとしても「チューター」制は、欧米を含め多くの教育機関でも採用されているシステムである。いわゆる先達が後輩を指導することは一般的である。しかし、あつしくんの学級においてはこうしたシステムが過剰なネットワークを発揮したと考えることができる。担任は、入学した当初から「手のかかる」子どもだったあつしくんに対して支援員の先生とともに一生懸命に指導したに違いない。それを見ていたチューター役の子どもたちもお世話を始め、先生もそれを奨励したと思われる。「困っている子に手伝ってあげて」という言説は、教室の中でもよく聞くことがある。それが頻繁に繰り返されるようになると、暗黙の裡に「あつしくんは困った子」というラベリングが教室のネットワークに埋め込まれていったのではないだろうか。そのことによって、彼のふるまいすべてがそうした「困ったこと」のように受け止められるネットワークができていたと考えることができる。実際に、後の担任教師が通りがかったときも、周囲の生徒が「やめて」と止めているのを見かけているが、それは激しい口調であり、学級組織全体としてのあつしくんに対する一つの価

表３－２　旧担任と三・四年担任の対応の違い

旧担任	対応	三・四年の担任
•問題行動への注意，叱責。 •支援員の先生と教室外へ連れ出し，クールダウンを図る。 •周囲の児童を保護。	あつしくんへの対応	•教室の中で一緒に活動する。 •みんなと同じようにルールを守ることの確認。 •コミュニケーションを多く。 •できたことを認め，連絡帳に記入することで本人と家族に伝える。
•問題行動に対する報告。 •学校への呼び出しと協力の依頼。 •実態把握のための授業参観の実施。	家族への対応	•がんばったことや連絡したいことなどを，連絡帳を通して毎日連絡。忘れ物の未然防止。 •良い情報を多めに伝える。 •家庭訪問を増やし，直接的な対話をする機会を増やす。
•周囲の生徒からのあつしくんへの注意。時にはチューター役の生徒による過剰な行動の修正。 •学級全体であつしくんを注意していこうとする雰囲気。	学級集団の対応	•集団の中の一人であるという意識の浸透。 •体験や活動の共有化。 •同じルールの中で活動させる。 •代表委員への立候補。仲間の承認。

値観の表れのように受け取られている。ネットワーク理論でいうところの、一般的な道徳や倫理観ではなく、教室内の活動にとってはそれがおこなわれている「社会関係」こそが「信頼を生み出す源泉」になっているとしたら、あつしくんにとって学級内の関係性は、とても居心地の悪いものだったのではないだろうか。それを感じ取ったあつしくんおよび家族は学級と学校から距離を置くようになったのである。

(3)　態度変容を生むネットワーク構造の変化

これに対して、三年生からの担任が取った行動は、ネットワーク分析の視点からみると、埋め込まれた価値観の変容を目指したものであることがわかる。それまで担任や直近のチューター役の生徒が、あつしくんの「行動の修正」に向かっていた行為や「みんなのためにクールダウン」をしていた行為を止め、「その場にいること」と「(みんなと同様に）話をすること」を価値づけたのである。それは担任が他の生徒と同様に関係性を取ることを望むことを示したのであり、あつしくんの行動を修正し批正するチューター役を設けないネットワークを示したことになる。すると階層的なネットワーク構造から並列的なネットワーク構造へと変容し、それまで孤立していたあつしくんが学級組織のネットワーク内に組み込まれることになったのだ。このネットワークは連絡ノートを介して母親（保護者）へとつながり、学級内の生徒を通してその家庭へ、さらに各家庭の母親からあつしくんの母親へと連結していったのである。これによりあつしくんの孤立感は解消されていったと考えることができる。旧担任と三・四年の担任の対応の違いを、ネットワーク分析の結果を踏まえて表３－２のように整理した。

学級集団内における対応がそれぞれ異なった方向を向いていることがわかる。家庭と学校（学級）とのネットワークを円滑にする鍵は、こうしたネットワーク構造を理解し、当該生徒をどのようにネットワークへといざなうことができるかにかかっている。家庭や学級という一つのネットワークを橋渡し（ブリッジング）する役割が教師に求められている。ネットワーク分析の埋め込み理論においては、活動や現象（この場合ではあつしくんの問題行動）を、その背景にある社会や価値観、制度を含めて捉えようとするものである。

これまで本章に登場するあつしくんのような発達障がいを抱えた児童生徒に対する指導のありかたについては、どちらかといえば、対症療法的な対応や、個人および家族に対する対応について検討していく視点が多かった。個人の態度変容についてネットワーク構造を変容させる視点から考えることは、これからの学級経営を考えるときに大きな示唆を含んでいる。

引用文献

若林直樹『ネットワーク組織　社会ネットワーク論からの新たな組織像』有斐閣、二〇〇九。

渡辺深「新しい経済社会学」富永健一（編）『理論社会学の可能性―客観主義から主観主義まで』新曜社、二〇〇六、一七六―一九二頁。

第4章 二つの学級経営事例についての考察

この章では、第2章、第3章の事例について、教師の学級経営の観点から再度考察を加える。周知のように、四月初旬において、学級は単なる集合である。しかしながら、生徒と教師たちが一年間をかけて織りなす人間関係と相互影響関係が、「集合としての学級」を「自分たちの学級」に変えていく。その「自分たちの学級」をつくっていくプロセスのなかで、学級の共同価値の分有と個人的価値の獲得がなされるとともに、学級への連帯感が形成される。生徒たちはその時々で精一杯を生きている。生徒たちが自由にかつ自律的に活動し、学級集団を形成していくとき、それを支え促すのは、ときに生徒に寄り添い、ときに生徒を見守りながら、先を見越した教師の指導と仕掛けである。

第1節 「中学生の自立心を育てる」学級経営の指導ポイント

この節では、第2章で紹介された中学校の一学級を対象として、その学級の生徒たちが二年生から三年生へと進級し、そして高校へと巣立っていく大事な二年間における「生徒たちの自立心を育てる」学級経営についてみていく。この学級は、生徒自らがそれぞれの課題に積極的に取り組み、一人ひとりが生き生きと学校生活を過ごすことを目的として、学級経営を試みたものである。それでは、どのように学級経営をおこなうことによってあのような生徒主導の学級集団を構築できるのだろうか。

表４－１に、本事例の学級経営の展開プロセスをまとめた。この事例では、この中学校の全体行事として実施されている「班替え」（一年間に四回、この学級では「ＥＣＲ班」導入）とともに、この学級で毎日実施される「今日のＧＯＯＤ　ＪＯＢ」「班ノート」を併用しながら、学級内および班内の生徒たち相互のコミュニケーションの交流を図っている。担任教師の生徒の自立心を育てる学級経営の指導ポイントとして、「生徒間における新たなネットワークの構築」「肯定的評価と意味づけ」「自主性の尊重と見守る指導」の三つの要因を取り上げ、それぞれの観点から検討をおこなう。

（１）生徒間における新たなネットワークの構築

第２章でみたように、今日、生徒の閉鎖的な仲間関係（インフォーマル・ネットワーク）のクラスター化は、生徒たちが学級に適応するための大きな弊害要因となっている。そのため、生徒たちがさまざまなインフォーマル・ネットワークと関わりをもてるように教師が配慮し指導することは、学級経営における重要課題の一つである。

そこで事例学級では、新学期早々形成されるインフォーマル・グループの再編を意図して、生徒たちのあいだに新たなネットワークを構築させることを目的とし、フォーマル・ネットワークの「班」の活用がおこなわれた。この班の編成においては、これまで関わりのなかったネットワークに属する生徒と意図的に同じ班にすることで、接点となる場をつくり出している。しかし、インフォーマル・グループの異なる者同士を一緒の班にするだけでは、水と油が混じり合わないように、そこに「新たな関係」が生まれることは難しい。もともと好みや趣味が違うからこそ、互いに異なるネットワークに属していたのである。リワイヤリングを用いたこの「新たな関係」づくりのための次の工夫が、生徒同士が互いに良さを認め合う機会の設定であった。先の事例では、「今日のＧＯＯＤ　ＪＯＢ」がそれにあたる。また、事例にあった「班ノート」のように、班内での互いの内面での交流活動も、その関係促進のきっかけとなった。人は、新たなその人の一面を知ったとき、急にその人のことを親しく感じることがある。また、その人に自分にはない長所の一面などを知ったとき、そこから学ぶとともに、その人と親しくなりたいと思うのは、だれでも同じことではないだろうか。

表4－1　中学生の自立心を育てる学級経営の展開プロセス

時期	学級の出来事		教師の対応・実態	生徒の動き・反応	備考・指導のポイント
2年 4月	学級開き	ネットワークの構築	• 自主性・互恵性のある集団育成の明確化。 • 理想の学級像の具体的提示。	学級目標の決定。	3月にどんな学級になっていたら，「この学級になれてよかった」と思うか。理想の学級像を共有させる。
	班の編成		• 人間関係の広がりを意図する班編成。条件の設定。	班長による編成と座席の決定。	誰とでも親しくなれる集団のメリットを共通理解させる。
	班ノート開始		• 各班，A5ノート1冊配布。輪番制記述。	班の中での，内面での相互理解の促進。	内容は自由とする。生徒と同じ分量を教師がコメント(返事)記入。
	「今日のGOOD JOB」の開始		• 帰りの会で，学級の仲間の良かったところを発表し合う機会の設定。	望ましい行動様式の学びと広まり。	生徒が気づかない「GOOD JOB」を教師が率先して伝え続ける。
6月	自然教室に向けての準備	肯定的評価と意味づけ	• 事前準備における班の自主性の尊重。	レク，炊飯，スタンツの自主的準備。	各班のがんばりの評価と必要に応じて班長への支援をする。
	男子だけによる給食準備		• 女子授業遅延による給食開始遅れを気づかせる。	男子のみによる自主的な給食準備。	男子が自主的に準備した意義を理解させる。
	自然教室		• レク，飯盒炊飯，スタンツは全面的に任せる。	炊飯・片付けを他学級より早く終了。	より積極的に取り組んでいる生徒に対する称賛。
9月	体育祭		• 各競技の事前指導と練習の見守り。	失敗を繰り返しても励まし合い，仲間を中傷しない練習。	練習は見守るが，口出ししない。 貢献している生徒を積極的評価する。
3年 4月	F子への給食の配膳	見守る指導	• F子登校時は，相談室に彼女がいることを学級の生徒に知らせる。	女子による相談室(F子)への自主的な配膳活動。	F子を特別視しない。配膳活動した生徒へ感謝の気持ちを伝える。
12月	生徒による「帰りの会スピーチ」開始		• 担任教師が帰りの会で話す場面をなくす。	心理面での相互理解促進と励まし合い。	自己開示させることによる不安と希望の共有。失笑や中傷・非難しないように注意する。
2月	バレンタインデーの差し入れと，入試前日のハグ		• 自主的な差し入れの公認。	仲間への応援・励まし活動の広まり。	全員の進路が決まるまで，入試が続いていることを自覚させる。

このような一連の指導をプログラム化したものが、第2章、第6章で述べる「ＥＣＲ班」の構成と活動である。今日、学級担任に求められるのは、このような新たなネットワークづくりを可能とする「ネットワークプロデューサーとしての教師」の活動であろう。

(2) 肯定的評価と意味づけ

この新たなネットワークづくりの指導と仕掛けは、継続しておこなっていくことが肝要である。新たな関係づくりが進むことは、生徒たちのコミュニケーションを促進することで、彼らの孤立を防ぎ、学級の凝集性を深めることにもつながるのである。

前項で述べたように、新たな関係づくりのために必要とされたもう一つの教育指導が、肯定的評価と意味づけ（相互承認）であった。しかし、このような活動は、一般に、マンネリ化して形骸化しやすいものである。他の学級では、相互承認活動を実施しながらも学級崩壊していった例もある。

そこで重要となるのが、日頃からの学級担任による承認（肯定的評価）である。この時期は、教室での学習活動だけでなく、夏休みを含めて自然教室や体育祭などの活動が多くおこなわれる。そのため、生徒たちの自主的な行動や協力的行動が求められ、彼らのいろいろな特徴や行動の仕方の違いなどに気づきやすい時期でもある。協力的な活動を通して、生徒たち相互における認識の変容がみられやすい。

そのとき、担任教師が生徒も発見できない生徒個々の良さを発見し認め続けることは、仲間を固定的な視点からのみ見ないようにするために、生徒に日々新たな視点を提供し続けることになる。また、生徒は日頃の学校生活において、仲間の良さを見逃すことも多々あるのが実際である。この事例では、担任教師が長縄を自主的に片づけたある生徒の行為を見過ごすことなく、生徒たちに彼の自発的な行為を知らせて称えていた。このような例からわかるように、生徒が見落としがちな良さに「意味づけ」することも生徒の新たな視点を刺激することになろう。

生徒たちは、自分を認めてくれる仲間がいるとき、前を向いて積極的に取り組めるようになる。このような学級風土を形成するためにも、担任教師自らがモデルとなって肯定的評価をし続けることが重要である。

(3) 自主性の尊重と見守る指導

生徒たちが自ら活動し出すためには、何よりも担任教師が積極的に生徒たちの自主的な活動を尊重していく姿勢を示すことが重要である。「任せるよ」。「やってごらん」。「失敗してもいいよ」。このような担任教師の小さな一言が、生徒の自主的な活動の第一歩を促していくのである。本事例では、二年生の九月以降、生徒たちが自主的な活動をおこなえるようになっている。それに伴って、担任教師は、このような生徒たちの自主的な活動を尊重していく態度を取っている。

生徒たちの自主性の尊重とともに必要なことが、担任教師による見守る指導である。「見守る」とは、文字通り、近くにはいるが口は出さないことである。生徒は、近くに担任がいることで安心して挑戦しやすくなる。どうしても困った場合、担任教師に相談し頼ることができるからである。しかし、現実には、生徒が担任教師を頼る場面はあまり多くはない。それは生徒たちが「自分たちで、やりきりたい」と思うからである。だからこそ、担任教師も途中で口を挟むことには慎重でなければならない。ときには失敗するとわかっていても、それを生徒たち自身で活動させるだけの度量をもたなければならない。そうすれば、生徒は担任教師が自分たちを信頼して任せてくれていると感じ取り、再び同じ失敗をしないように、「学びの経験」をして成長するようになる。

本事例では、肯定的評価と見守る指導が混在している時期がある。実際の学校現場では、このようになるのが現実的である。しかし、卒業間近の受験期には、担任教師は自ら話す機会を減らし、文字通り生徒たちの自主性の尊重と見守るだけの指導となっている。このような、一歩も二歩も引いた間接的な指導の立場からの担任教師による見守りの対応が、バレンタインデーの差し入れや翌日に入試を控えた仲間への励ましのハグにつながっていったと考えられる。

第2節　「あつしくんへの指導」を軸にした学級経営の指導ポイント

第2節では、第3章の事例にある小学校三年生の一学級とその学級のあつしくん（仮名）を対象として、以前は「わがまま」が公認されていたあつしくんが徐々に行動を修正していくことで、学級のみんなに受け入れられるだけでなく、あつしくんの存在が学級を活性化していった学級経営についての指導のポイントについて検討していく。

表４－２は、あつしくんへの指導を軸にした学級経営の展開プロセスをまとめたものである。ここでは、指導のポイントとして、「アイデンティティのゆさぶり」「多元的な価値」「相互認証」の三点を挙げ、これらの観点から考察をおこなう。

あつしくんへの以前のイメージは、「たいへんな生徒」「手のかかる生徒」であった。しかしながら、この担任教師の一連の指導を通して、あつしくんだけではなく学級のみんなも、既有の視点をズラして認知することができるようになり、さらには協力し合えるようになった。そして、それまでのあつしくんからでは想像もできなかったように、彼自身が「学年の代表委員」となって活躍するとともに、学級のみんなもそういうあつしくんとコミュニケーションを取り、協力し合うことで、互いにそれぞれの役割や活動への努力を認め合っていくようになった事例であった。

(1) アイデンティティのゆさぶり

表４－２の時系列に沿って見てみると、学級替えをした三年生の当初は、あつしくんの行動、特に以前の彼の暴力的な行為が周囲の生徒ばかりか支援員の先生にも向けられていたことで恐怖を感じている生徒が多く、あつしくんに関わろうとしている生徒はいなかった。生徒たちはあつしくんの様子を探っている感じがうかがえたし、あつしくんへの担任教師の反応の様子を気にしているようであった。他の先生方も、どちらかというと「腫れ物にさわるよう」な対応で、

表４－２　あつしくんへの指導を軸にした学級経営の展開プロセス

位相	学級・生徒の状況	段階	教師の対応	あつしくんの反応	備考・指導のポイント
アイデンティティのゆさぶり	• あつしくんの様子を探っている感じの子どもたち。 • あつしくんへの教師の対応の様子を気にしている。	状況の把握	◯現状把握，情報の収集 • 学級替えの後の子どもの様子を観察する。あつしくんのそれまでの行動を改善するためのポイントを探る。	• 自分の欲求を通そうとする。 • いらいらしていることが多い。不安感の裏返しか。関わりをもってくれる子どもたちは少なく，一人でいることが多い。	• あつしくんのイライラの原因や周囲の子どもたちの反応を確認することで指導の方針を考える。 • 保護者との対応を考えるときにもまず実際の様子を確認する必要がある。
多元的な価値	• 教師があつしくんに指導している様子を見て安心。暴力的な一面がなくなったことで学級全体が落ち着いていく。	対応1	◯説明責任と意思決定への参加 • 教室にいることを求める。学級の一員であること，教室にいることを明確にする。	• 思い通りにならないことでキレる。それを教師に止められたことで，わがままを抑えるようになる。	• 担任の姿勢をしっかり示し，そのためにあつしくんにはどうしてほしいのかを伝えることが大切である。
	• しだいにあつしくんがルールを守り始めたことから，関わりをもち始める子どもが増えてきた。 • あつしくんだけでなく積極的に連絡ノートを書き出す子どもが増えた。	対応2	◯役割を付与する • 順番やルールを守ることを確認する。家族との連絡ノートのやり取りをおこなう。そのために出来事を本人と確かめる。	• ルールを守ることで教師や学級のみんなに認められることを感じ，少しずつ自分をコントロールできるようになる。連絡ノートの教師や家族の言葉を励みに，自分を成長させようといろいろな活動に努力する。	• 保護者との対応とあつしくんが自分の行動を振り返られるように，連絡ノートを活用したことが大きなポイントである。注意すべき事柄や忘れ物への配慮などを家庭とともに取り組むことに意味がある。
	• みんなが互いのことを助け合ったり，手伝ったりするようになる。 • いろいろな活動に積極的に取り組むようになっていく。	対応3	◯支援をおこなう • 努力したことや成功したことをみんなの前で褒める。	• 係活動や施設訪問などの多くの場面で落ち着いて取り組めるようになってきた。みんなの前で上記のことを認めてあげることで，本人も喜んでいることが多くなった。	• あつしくんに限らず，みんなの努力を認めてあげる機会を増やすこと。たとえ失敗しても周囲が努力を理解してあげることで救われる。
相互認証	• 学年の代表委員に立候補したあつしくんを温かく見守る雰囲気がある。 • 互いが助け合い，努力を認め合うようになってきている。	評価	◯認め合い • 集団の一員としてがんばるあつしくんとそれを支えて認める学級のみんなの成長を伝える。	• 学年代表委員に立候補するとき，自分の気持ちをみんなの前で真剣に伝えることができた。周囲から認められて代表委員になり，自信をもって生活するようになった。	• あつしくん一人で孤立しないように，みんなで学年代表委員会の活動ができるように見守る。自律した活動を増やしながら，大きな失敗をしないように見守る。

あつしくんのわがままな行動を見て見ぬふりをしていたのである。あつしくん自身はといえば、自分の欲求を通そうとしてイライラしていることが多く、一人でいることが多かった。

一方、担任教師は、あつしくんのイライラの原因や生徒たちの反応を確認することで指導の方針を模索し、あつしくんのそれまでの問題行動を修正させようとして、彼のわがままな行動が出現する機会を待っていた。そしてその問題行動が見られたとき、担任は自分の主張を貫こうとするあつしくんに対して、自分の主張が入れられないからといって教室からすぐに逃げ出すのではなく、教室内にいるようにと厳命したのである。そのうえで、順番を待つことや暴力をふるわないことなどの集団生活上のルールを決め、それを守るようにあつしくんにも求めた。

担任教師から叱られても、彼が以前のように教師に対して暴力的になったり、キレたりしなかったことは、示唆的である。むしろ、あつしくんは、担任教師から「みんなと同様に叱られた」という経験を経て、逆に落ち着くことができたのではないだろうか。あつしくんは、自分も叱られるし、してはいけないこと、ルールがあること、それを守ることで認められることをしだいに学んでいった。

(2)　多元的な価値

表４－２に示されているように、担任教師は、四月から学級の生徒についての現状把握や情報収集をおこないながら、あつしくんへの指導を軸とした学級経営を展開している。そのなかで担任教師が重視した対応1は「説明責任と意思決定への参加」であり、さきにも触れたように、教室を飛び出したりせずに教室への在室を求め、学級の一員であることを明確にすることであった。教師の生徒に対する要請が明確であることは、いわば教師の説明責任であり、本事例において生徒の適応を促す一つの手立てであったといえる。

対応2は「役割を付与すること」であった。その際に、家族との連絡ノートのやり取りをおこなうことで、担任や保護者の言葉を励みに、生徒たちそれぞれが自らを成長させようと役割活動を含め、いろいろな活動に努力するようになった。それらの活動を通して順番やルールを守ることなども一つひとつ確認していった。

対応3は「支援をおこなう」ことであった。担任は、ルールを守ることができたときや自分の役割に対して努力した生徒たちの姿を見つけると、あつしくんに限らず、そうした生徒の行動をみんなに紹介し、率先して称賛している。そうすることで、どの生徒たちも落ち着いて学級での活動に取り組めるようになったし、結果にこだわらずに努力するようになっていったと思われる。その結果、しだいに生活リズムが整い始め、あつしくん自身が落ち着いてくることで、周りの生徒たちのあつしくんへの見方や接し方に変化が見られ、それが好循環となってあつしくんが変化していった。

このような対応や指導から、生徒たち同士の相互理解や協力活動が学校行事や係活動、学習などのさまざまな場面で見られるようになり、そのおかげで周囲の生徒たちも安心して活動し始め、互いのいろいろな側面を見られるようになっていったのである。互いの価値に気づきだした生徒たちは積極的に活動に取り組み、また協力し合うようになり、学級集団全体が活性化し、あつしくんもイライラすることがなくなっていった。他人のミスをなじることや欠点を探すことよりも、互いに協力し合いながら活動を高めていこうとする方向に学級の流れが向いていったことが、あつしくんを含めて集団を変容させる大きなエネルギーとなっていったのだと思われる。

(3) 相互認証

そうなった大きな理由の一つとして、個人の能力や特性の違いの多様性を認め、それぞれに役割を付与することで自律した個人として尊重しようとした担任教師の指導スタイルが挙げられる。個人として生徒を尊重する姿勢が、生徒同士の関係性の向上にも大きく役立ったということができる。

学年の代表委員に立候補したあつしくんの例が、生徒たち同士の信頼関係を物語っているといえよう。学級の一員としてがんばるあつしくんとそれを支えて認める学級の生徒たちの成長を見て取ることができる。生徒同士が助け合い、それぞれの努力を認め合うようになってきたのである。

このあつしくんの事例は、それまで困難だと考えられてきた一人の生徒への対応によって、学級集団全体が活性化することができた事例といえる。担任が、特定の生徒を他の生徒たちと認め合い、協力し合い、信頼し合う関係性のなかに位置づける働きかけをおこない、すなわち、孤立した生徒との関係性をネットワーク化することで、担任を媒介にして他の生徒たちと当該の生徒が関わり合いをもち始めたことがわかる。従来は、個別の指導が必要な生徒に対しては個別の対応を、学級集団に対しては集団指導を、という形での別個の指導法をとることが多かった。本事例の指導のやり方はそうした指導とは手法が異なっている。つまり、あつしくんへの指導を通してルールの重要性を説きながら、それは学級全体のルール順守にも向けられた。あつしくんの役割に対する努力を認める行為は学級全体にも周知され、浸透していった。学級全体に対する個人への配慮はあつしくんも感得し、担任が生徒同士で助け合う集団を承認することで、あつしくんもそのなかに巻き込んでいる。指導が、個や集団といった対象ではなく、つながりをもったネットワークの構築のなかで構成され、その連結点として担任教師が機能したのである。そして、その連結点としての担任教師に代わって随時他の生徒たちがその役割を担って機能していく。この指導法は、従来の教師－生徒のトップダウン型指導と比較して、より効果的に協調性や相互信頼関係を醸成する手法である。局所的な指導を全体的な指導に展開する一つの事例として注目できる。

第３節　まとめ―自律・自立を促す教育指導のポイント―

前述した二つの事例は、中学校二、三年生と小学校三年生を対象としたものであった。これらには発達段階に大きな違いがあるにもかかわらず、担任教師による指導法としての共通点が見られる。中学生の事例においては、この事例学級を構成する生徒たちの要因として、特段の配慮を要する女子生徒が一人はいたが、その女子生徒が学級経営上、生徒たちの人間関係の形成上に大きな影響を及ぼすことはなかった。二年間にわたる学級経営の担任教師による指導のポイントとして、「生徒間における新たなネットワークの構築」「肯定的評価と意味づけ」「自主性の尊重と見守る指導」の三つの要因が挙げられた。一方、小学生の事例においては、指導上の注意を要する男子児童がいたにもかかわらず、その問題はしばらくして解決に向かった。学級経営への担任教師による指導のポイントとして、「アイデンティティのゆさぶり」「多元的な価値」「相互認証」の三つの要因が挙げられた。つまり両事例とも、教師の学級経営において、それぞれの発達段階に応じた、個および集団の自律と自立が志向され、それが機能することで、配慮を要する生徒も学級に適応的に組み込まれているのである。それは具体的には次のような教師の働きかけとして要約することができるだろう。

（1）「役割の付与」

この二つの学級経営の教育指導のポイントである、中学校の「生徒間における新たなネットワークの構築」と小学校の「アイデンティティのゆさぶり」は、それぞれの学級の中期以降の「役割の付与」と絡んで実を結んでいる。それぞれの学校・学級行事等における役割行動を導くためには、事前準備と、班ごとの目標設定と協力活動が不可欠である。そうすることで、生徒各々が学級の一員であると実感し、所属感をもつのである。特に、生徒に役割を与えることは責任をもたせ、自尊感情を向上させる。ついで、役割遂行を成功裡に導くことで、生徒たちは自信を深め、さらに自尊感情を高めることになろう。そしてその際の役割行動や達成水準、それに至るまでの試行錯誤と努力のプロセスは、彼らの自己参照点となり、次の新たな行動の展開を導くものとなる。

（2）「支援」

ただし、過剰な役割を付与することの見極めや配慮は担任教師の経験と裁量に負うところが大である。そのためには、「支援」が必要となる。効果的な支援は、生徒たちの集団参加を助け、彼らの役割活動の支えとなる。そして、適切な支援を受け、成功裡に役割行動を遂行できることは、生徒たちの自主的な活動の展開を学級にもたらすことになろう。

（3）「認め合い」

最後に、もっとも重要なのが「認め合い」である。それは生徒たち同士や担任教師の双方によっておこなわれることが重要といえる。すでに述べたように、小学校の事例では、学年代表委員に立候補したあつしくんの例が生徒たち同士の信頼関係を表している。学級の一員としてがんばるあつしくんを学級のみんなは支え、認め、あつしくんも含めた学級のみんなで生徒同士が助け合い、それぞれの努力を認め合うようになっている。中学校の事例では、担任教師の姿勢が新たなネットワーク構築を媒介として広がり、「ＧＯＯＤ　ＪＯＢ」などの認め合い活動により、生徒間における信頼関係や規律が形成されたといえる。また、学校外で非行に走る生徒でも、学級の仲間と良好な関係を築き、その仲間を大切に思えば、学級風土に合わせて生活するようになったといえる。

すなわち、生徒たちがぞれぞれ学級や学校の中で自身の能力や特性を生かし、試行錯誤しながらも期待された遂行をどうにか成し遂げ、周囲からの支持や受容を支えに次の課題を目指す環境がつくられることが、一人ひとりの自分づくりを促し、個と学級集団の自律的で自立した展開を可能にすると考えられる。

このような学級経営の展開は、あらかじめ、教師によって予測可能な範囲にあるのではない。生徒たちはそれぞれ独自の能力や資質、行動パターンをもっている。そして、彼らの相互作用によって、学級には予測不可能な行動パターンが生じる。担任教師は、生徒たちの活動に応じて彼らの行動を見守ったり、支援したりしながら彼らを理解し、あるいは教師自身の考え方を修正し、対応していくことになる。前もって学級経営の目標を掲げながらも、担任教師は学級の生徒たちとの関わりによって、そのつどそのつど学級目標実現のために新たな問題を設定し、そのための指導と仕掛けをおこなっていっているといえる。このような学級経営の展開から、生徒たちの自主的な活動と、それらの活動を通した共感に支えられた経験こそが、担任教師や生徒たちの今後の活動の拠り所、自己参照点となるであろう。そして、それらの経験が生徒たちの今後の活動の財産となり、成長の源となるであろう。

第2部

活動からつなぐ学級経営

第5章 学級システムの自己組織性とネットワークの構築

第1節　学級組織における自己組織性とネットワーク

学級は、学校教育組織における基本的な構成単位であるとともに、児童の環境をもっとも敏感かつ的確に捉えることのできる現場でもある。それだけに、児童の学習活動と生活全般にわたって充実させる学級経営に対する期待は大きい。学級の成長および秩序形成に関連する論点として、学級組織の自己組織性が挙げられる。高木（一九九五）によれば、「システムの要素である個が自分の内部モデルに自己言及すると同時に、要素間でそれぞれの内部モデルを相互参照することは、システム（社会や組織）の自然な動き」であり、「重要視すべきは、個が内部モデルに自己言及し相互参照することでシステムに生じる自己組織性の現象である」と指摘する。すなわち、この自己組織性は、組織そのものに限定された視点ではなく、学級の構成要素である個の行動から組織全体へのリンクであるミクロ‐マクロループの形成およびその相互作用をも包括する概念であると解釈できる。

これまで、蘭・高橋（二〇〇八）は、学級組織の活性化に向け、システム理論に基づく自己組織性論を展開するなかで学級経営論の再構築を試みてきた。すなわち、管理型集団指導から脱却した新たな学級経営方法論としての自立型・自己組織型集団指導論である。このなかで、彼らは質的調査分析により自己組織性を生成する指導方略として、活動性への仕掛けおよびミクロ－マクロループの形成とその相互作用に着目している。活動性への仕掛けは、個性的で創発的な個を肯定的に捉え、組織としての整序性よりも主体性を重視する。そして、児童の主体性を喚起するために活動を効果的に仕組むことである。また、ミクロ－マクロループの形成とその相互作用は、ミクロからマクロへの作用とマクロからミクロへの相互作用を活性化することで、集団の創発性を高めるとともに多様な個性が発揮される効果を狙うものである。こうしたシステムが一度構築されると、構成員間相互のコミュニケーションが中心となるシステムおよびネットワークが生成され、児童主導型の学級組織が形成されていくとしている。これらのことから、ネットワークの形成は、各構成員の自律的行動から組織全体へのリンクであるミクロ－マクロループの形成と相互作用が本質的にあり、自己組織性への働きかけとして、ネットワークという概念の有効性を示唆するものである。

第2節　授業を通した学級づくり―授業における自己組織化とネットワーク―

本章において授業を通して学級づくりを考える視点は、先の高木（一九九五）の言葉を借りるならば、児童のもつ内部モデルに自己言及し相互参照することで、個々の自己組織性に働きかけること、そしてそれによって生じるシステムの自己組織性の現象にある。

ここでは、学級組織というシステムに自己組織性を生じさせ、児童主導型の学級組織形成に向けた授業実践例を紹介する。その際、児童がそれぞれにもつ知識、理解、考え方など内部モデルに自己言及し、科学的概念を構成していく過程、そして、協同的関係による集団としての学びの構築を図る過程で、ミクロ－マクロループの形成と相互作用を促進するネットワークを機能させる。この実践は、このような個および集団あるいは組織の自己組織性に働きかけるネットワークを視点として、小学校第四学年理科「ものの温度と体積」の単元においておこなわれたものである。

（１）科学的概念の構成と学級集団づくりに向けた授業

本単元の内容は、「粒子」についての基本的な見方や概念を柱とした内容のうち、「粒子のもつエネルギー」に関わるものであり、ここでは、金属、水および空気の性質について、興味・関心をもって追及する活動を通して、温度の変化と金属、水および空気の体積変化とを関係づける能力を育てるとともに、それらについての理解を図り、金属、水および空気の性質についての見方や考え方をもつことができるようにすることがねらいである。

理科の目標に示されている問題解決能力の育成については、「自然の事物・現象に親しむ中で興味・関心をもち、そこから問題を見いだし、予想や仮説の基に観察、実験などを行い、結果を整理し、相互に話し合う中から結論として科学的な見方や考え方をもつようになる過程が問題解決の過程として考えられる」とされている。問題解決能力を育成するには、例えば、空気を温めたり冷やしたりすると、空気が膨張したり収縮したりするという現象論的理解に終始することなく、科学的な概念を使用して考えたり説明したりする探究的な学習活動を取り入れていくことが必要となる。

そこで、本単元を指導するにあたり児童の実態調査をおこない、素朴概念を抽出するとともに、それを科学的概念へ再構成するため、指導過程に以下のような仮説生成検証過程を位置づけた。それは、①仮説生成に必要な事象の変化に関わる要因の明確化、②観察や実験によって検証可能な仮説の設定、③仮説に基づいた実験方法の立案・計画、④実験結果の導出、⑤導出された実験結果と仮説との間の整合性、論拠の正当性についての検討、である。特に、仮説の設定および実験方法の立案・計画段階で、意図的に児童のもつ素朴概念やアナロジーを生かすようにしたり、実験結果と仮説間の整合性、論拠の正当性について検討する段階で、認知的葛藤を促したりすることについて考慮した。認知的葛藤の有効性については、これまでも指摘されてきている。例えば、協同学習研究においては、学習者個々の力だけでは自らのもつ知識の不足や矛盾に気づくことができない場合があり、学習者が能動的に問題解決を目指したとしても、それが効果につながらないこと、そして、その場合、他者から提供される葛藤的な情報が、学習者の知識構築に大きな援助としてはたらく（伊藤 二〇〇九）とした見解がある。また、関連した先行研究では、協同学習が概念理解の深化に効果的であるとする要因を他者との認知的葛藤によって生じる省察的活動に求めていること（Miyake 一九八六：Shirouzu, Miyake, & Masukawa 二〇〇二）、そして、この認知的葛藤は、内発的動機づけの前提となり、問題解決のための情報探索行動を促すこと（稲垣・波多野 一九七一）などが示されている。そこで、本単元における科学的概念を構成する視点から、仮説生成検証過程に協同学習を取り入れた。

また一方で、協同学習は、授業の中で集団をつくる視点からもその有効性が考えられる。それは、協同学習が、「目標達成のために学習者が他者と相互に関わり、影響を与え合いながら学んでいく学習」であり、「学習者同士の協同意識の回復や協同的関係による意味ある学びの再構築、教室という共同体のなかでの個々のアイデンティティづくり」（加藤 二〇〇三）など、それがミクロ－マクロループの形成とその相互作用にまで言及する目的を擁しているからである。

（２）自己組織化とネットワークを視点とした解釈

仮説生成検証過程における認知的葛藤を通して、素朴概念から科学的概念への再構成することは、自己組織化による新たな概念に関わる秩序の形成であると考えることができる。

自己組織化とは、システムが環境との相互作用を営みつつ、自らの手で自らの構造を変え、自力で自己変革を達成すること（今田 二〇〇五）であり、その本質は、ゆらぎと自己言及性にある。

従来の平衡理論では、ゆらぎはシステムの存在を脅かす、あるいは構造を解体させる攪乱要因として位置づけられてきた。それゆえ、サイバネティクスのようにシステムの均衡状態へ向けて制御すべき対象とされたが、ここでは、今田（二〇〇五）による自己組織性論に基づき、ゆらぎはシステムの存在や構造を脅かしたり解体したりする要因ではなく、別様の存在や構造へとシステムを駆り立てる要因であると捉える。さらに、今田（二〇一二）によれば、自己組織化には、ゆらぎのなかから次の可能性（新たな秩序の種）をどう増幅させていくかが重要であり、その役割を果たすのが自己言及であるとする。認知的葛藤の位置づけは、こうしたゆらぎの意味を自己言及的に考えることで、そこから新たな秩序パラメータを創発させること、すなわち、素朴概念から科学的概念へ再構成させる一過程であると考える。

さて、前項において、科学的概念へ再構成の視点から協同学習の有効性を捉え、仮説生成検証過程への位置づけについて触れた。また、そもそも、協同学習とは、「目標達成のために学習者が他者と相互に関わり、影響を与え合いながら学んでいく学習」（加藤　二〇〇三）であることから、ネットワークはその一学習形態であると考えることができる。そこで、協同学習として、ネットワークを位置づけた。それにより、協同学習と共通した理念を有するネットワークが、「相互の価値観や考え方の違いが肯定され、対立と協力が共存することから維持される多様性が問題解決のための源泉」（安田　一九九七、三五頁）となり、「他者との認知的葛藤による省察的活動」や「情報探索行動」をより活性化させる効果があると考えた。

また一方で、授業の中で集団をつくる視点から、ネットワークで結ばれた組織は、「内部に高い多様性とゆらぎをもっているので、主体的、創造的に新たな組織構造をつくり出しやすい」（若林　二〇〇九）といった利点がある。それゆえ、ネットワークを触媒とした協同学習を仕組むことで、ミクロ－マクロループの形成とその相互作用を活性化させ、自立型・自己組織型集団としての学級をつくることが可能であると考えた。

（３）自己組織化とネットワークを視点とした授業の実際（部分―空気の温度変化と体積変化）

①目標

○仮説検証実験の結果から、空気の温度変化と体積変化等とを相関的に考察を図るとともに、導出された実験結果と仮説とのあいだに齟齬が生じてないか、あるいは論拠の正当性について問題はないか検討することができる。（科学的思考）

○実験計画に基づき仮説検証に向けた実験をおこなうこと、また、実験結果を記録するとともに、その結果と仮説との関連を明確化できるようにまとめることができる。（観察・実験の技能・表現）

②指導計画および展開

本時の指導計画と展開は、表５－１の通りであった。

第３節　自己組織性とネットワークを視点とした指導過程の考察

ここでは、自己組織性とネットワークを視点に表５－１（本章末参照）の指導過程を考察する。

自己組織性については、ミクロ－マクロの視点、すなわち、①素朴概念から科学的概念への再構成に向けた個のレベルにおける自己組織性、②協同的関係による学びの構築を図るグループ内およびグループ間関係で生じる組織レベルでの自己組織性として捉えている。また、ネットワークは、この自己組織性に働きかけるミクロ－マクロループの形成と相互作用を促進する触媒機能である。

授業や学習後に児童がたとえ望ましい変容を遂げたかに見えても、時間の経過とともに授業や学習前にもっていた素朴概念に戻ってしまうことが知られている（松森　一九九四）。こうしたことが起こりうる一つの原因は、授業や学習において児童の素朴概念を生かさなかったこと（堀　一九八八）にあると指摘されている。すなわち、児童の知識や考えとかなり異なる部分から授業や学習が展開されていたことになる。したがって、科学的概念構成のためには、授業や学習において、児童の授業や学習前の素朴概念をいかにして指導に生かしていくかが求められよう。そこで、「実験方法の計画」段階では、仮説検証に基づいた実験方法を児童のもつ素朴概念やアナロジーを優先させながら、主体的に考え計画させた。このように児童のもつ固有のロジックに基づいて計画された実験方法を意図的に仕組むことで、続く仮説検証段階において、個およびグループ内の自己組織性に働きかけるゆらぎを生成させる仕掛けとした。

また、ネットワーク形成の視点より、この段階から、各仮説グループ独自に考えた実験方法の他、同仮説の他グループの実験方法を参照したり、あるいは、実験方法を協同で考えたりすることで仮説検証に向けることもできるようにした（図５－１に示したように、フラクタル状のネットワークシステム（高木 一九九五）を想定し、サブシステムに各仮説グループを位置づける）。例えば、空気上昇説ＡグループとＢグループが協同で、注射器内の空気を温めたときのピストンの動きから空気上昇説について検証しようとする実験方法を考えている。このように、仮説グループという「組織」の枠組みにとらわれず、グループ間の緩やかな結合形態（ルース・カップリング構造）を構成することにより、組織の境界を超えた協働、あるいは、ネットワークを通じた必要な資源や情報へのアクセスを活性化できるようにした。この柔軟性こそがネットワーク組織の特徴であり、より自己組織化を図りやすい学習形態として位置づけたものである。

「仮説検証の実験」および「実験結果と仮説との関連の明確化」の段階では、自己組織性に働きかけるゆらぎの生成に向けた指導をその中心とした。仮説検証に向けて各仮説グループでの実験がひとたび始まると、実験結果と仮説の間の齟齬に気づかなかったり、たとえ気づいたとしても、自らの仮説や実験方法に変更を加えることなく進めたりすることもある。そのためには、仮説にフィードバックし、実験方法や結果について疑問視したり再考したりすること、あるいは、仮説自体の捉え直しを図る契機が必要となる。これが、自己組織性に働きかけるゆらぎになる。そのため、ここではリワイヤリング（rewiring 情報伝達経路のつなぎ直し）（西口 二〇〇九）を架けること、すなわち、同仮説グループ間のネットワークに限定されることなく、他仮説グループとのネットワークを結ぶことを試みた。このことにより、他グループの実験内容や方法および結果を参照して、グループ内で実験内容や方法の妥当性について見直しを図ったり、結果と仮説との結びつきについて検討したりするなど、それらの判断基準となる有効な手立てとなった。このことは、若

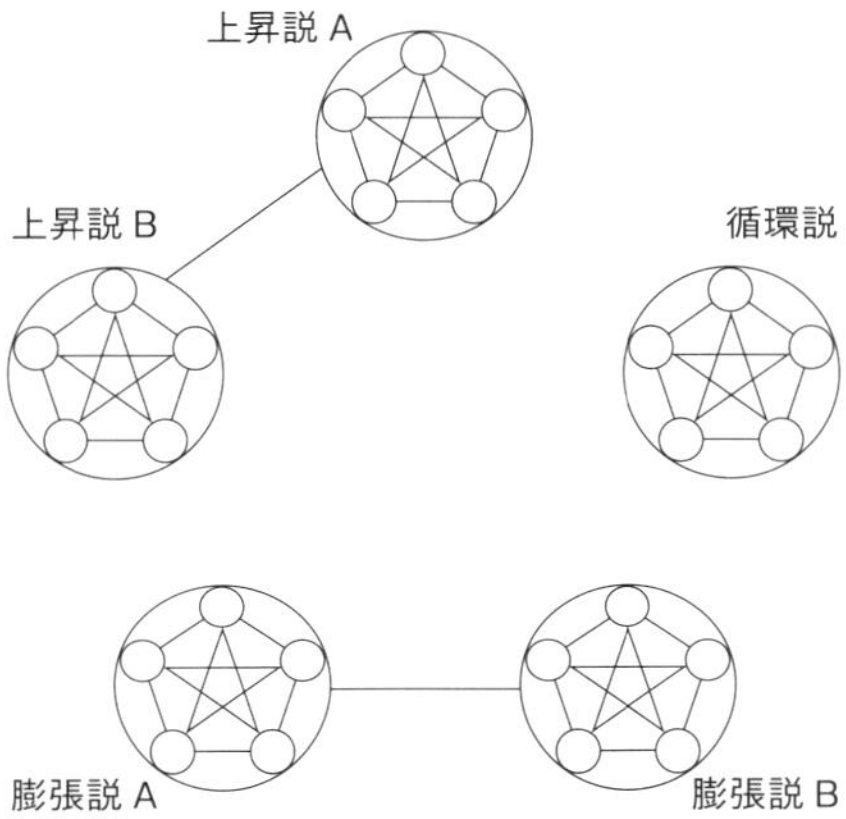

図５－１　実験方法の計画立案段階

林（二〇〇九）が指摘する「外部環境が判断基準」となるとしたネットワーク組織の特徴を示すものであるといえよう。ただし、西口（二〇〇九）が指摘するように、過剰なリワイヤリングはネットワークの自己制御力を弱め、かえって混乱を招く。逆にリワイヤリングの欠如はネットワークを硬直化させ、やはり有害である。つまり、他仮説グループ間ネットワークとグループ内あるいは同仮説グループ間ネットワークのバランスが重要である。

例えば、上昇説Ｂグループと膨張説Ａグループは、それぞれ仮説を異にするものの、全く同じ実験をおこない、双方ともに同じ結果を得てそれをそれぞれの仮説から結びつけた。この実験は、試験管の口に石鹸膜を張り、試験管内の空気を温めたときの石鹸膜の様子を観察するというものである。結果は、双方ともに上向きにした試験管口の石鹸膜が膨らんだため、それをそれぞれの仮説に基づいた論拠とした。どちらの仮説に正当性があるのか再考する判断基準は、外部環境となる他仮説グループの仮説、あるいは、実験方法に依るものであったと考えられる。このように外部環境を判断基準として生成されたゆらぎは、グループ内における自己組織性に働きかけ、それには、リワイヤリングが有効であったことが示された。この段階でのネットワークは、他仮説グループへのリワイヤリングが積極的に架けられるようになり、図５－２および図５－３に示したような態様になる。

「論拠の正当性について検討」する段階では、前段階において生成されたゆらぎに対して自己言及的に考えさせる指導を中心におこなった。空気が上昇したり膨張したりするという現象論的理解に終始することなく、科学的な概念を使用して考えたり説明したりする探究的な学習活動の場である。それは、実験結果だけが独り歩きを始めないよう、仮説と実験過程および結果とを関係づけて考察させることである。その際、実験結果は仮説と整合性をもって検証に結びついていたか、実験過程および結果から仮説を検証できたといえたか、また、仮説を証明するにあたって実験方法に不備はなかったか、など自己言及的に問い直しを図るようにした。このことで、仮説を修正、変更する個およびグループが現れた。例えば、循環説グループは、フラスコやペットボトル内の線香の煙が流れるといった現象把握のみに終始したため、仮説との整合性に問題が生じた。この後、循環説は破棄され、グループ内の個々はそれぞれ上昇説および膨張説へと移行している。また、上昇説Ｂグループは、試験管の口に石鹸膜を張り、試験管内の空気を温めたときの石鹸膜の様子を観察することで上昇説を主張したが、同方法で実験していた膨張説Ａグループが試験管口を横向きにしても下向きにしても石鹸膜が膨らむことを確認したため、論拠が覆されることとなった。この後、上昇説Ｂグループは、実験方法の不備を補足修正する代替案が見出せず、膨張説へと仮説を変更している。さらに、膨張説Ｂグループは、ボールの状態変化を観察していた実験過程で、空気が冷えると収縮することに気づき、空気を温めたり冷やしたりすると、空気が膨張したり収縮したりするという膨張収縮説に仮説を修正した。

ゆらぎに対する自己言及は、こうした外部環境を参照した判断基準を基に自グループに問い直しを図ったり、評価したりする自己省察の段階を経て、別様の考え方を形成して変更を加えることなのである。この段階では、ネットワーク

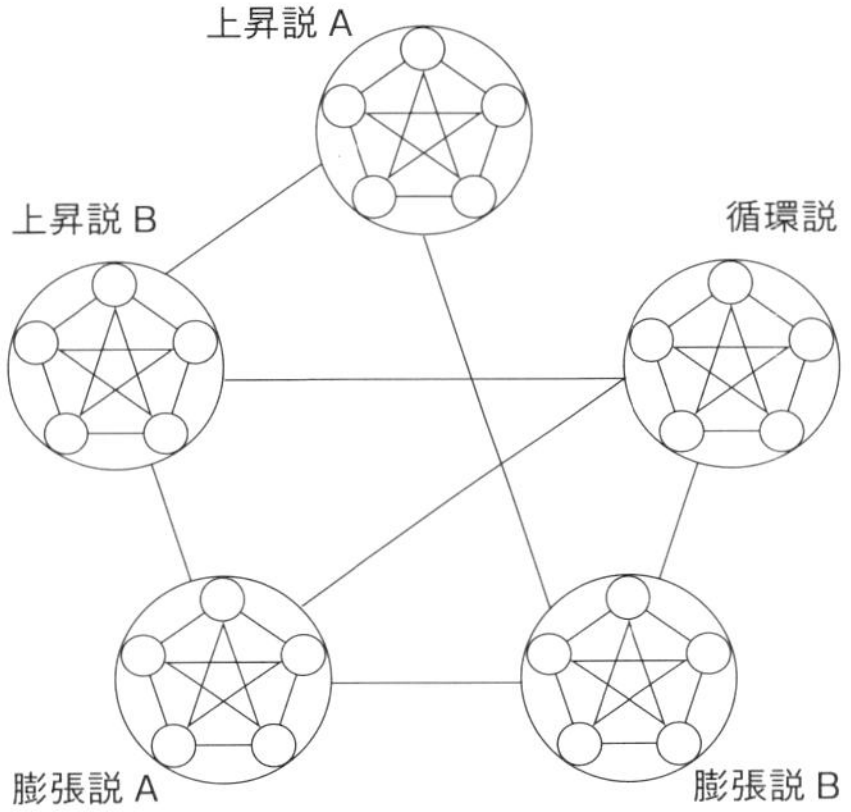

図５－２　仮説検証の実験段階（１）

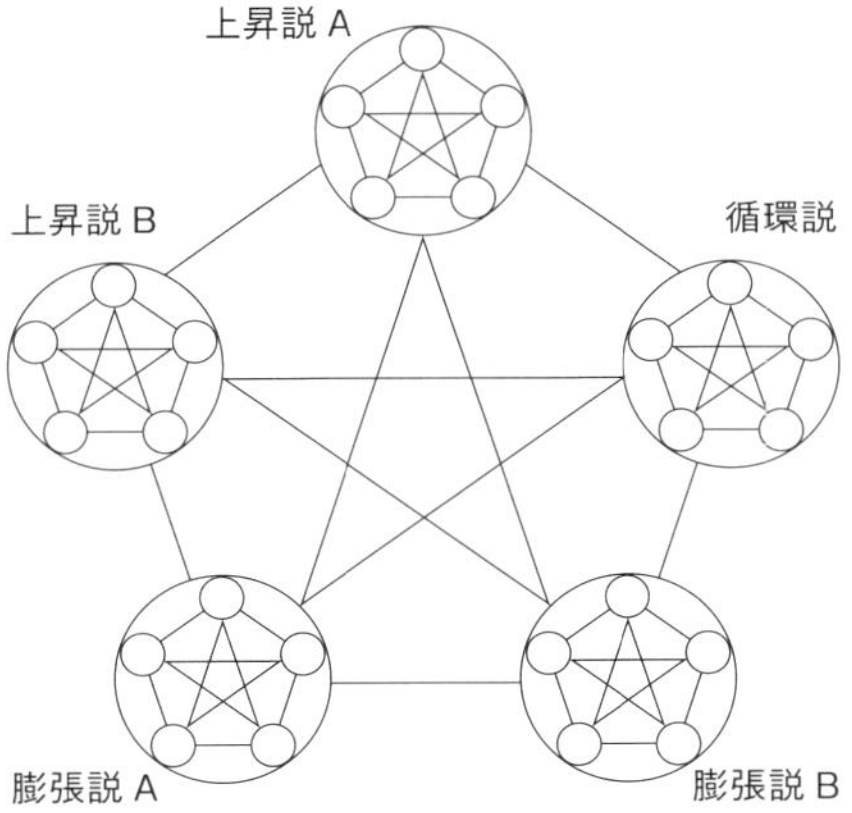

図５－３　仮説検証の実験段階（２）

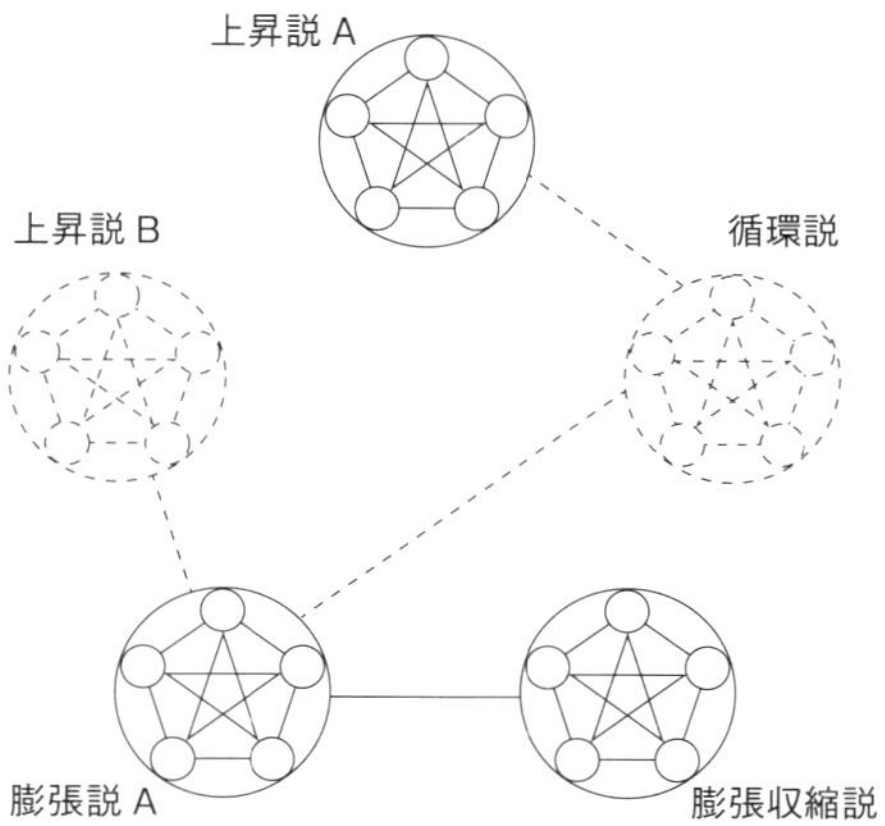

図5－4　論拠の正当性検討段階

組織の特徴として「自己組織的で柔軟な変化（若林 二〇〇九）」が示され、図5－4に示したような態様が考えられる。

一連の指導過程において、ネットワークといった触媒機能によって個やグループ内およびグループ間に幾度となくゆらぎの生成と自己言及が繰り返されていた。それによって自己組織化が果たされると、個のレベルにおいては科学的概念が構成され、また、グループ内およびグループ間レベルにおいては協同的関係による学びの構築が図られるようになった。しかし、科学的概念の構成と協同的関係による学びの構築は、それぞれが単独に進められるのではなく、あるときは科学的概念の構成過程で協同的関係による学びを誘起し、またあるときには協同的関係による学びの構築過程で科学的概念の構成を誘起する。こうした自己組織性に働きかけるミクロ－マクロループの形成と相互作用が、ネットワークにより体現されたのである。

第4節　まとめ

本章において、授業を通して学級づくりを考える視点は、蘭・高橋（二〇〇八）の自立型・自己組織型集団指導論に依拠したものである。そして、それは、児童が個々にもつ素朴概念等にゆらぎを生成させ自己言及することで自己組織化を図るとともに、学級組織というシステムに自己組織性を生じさせる、児童主導型の学級組織形成に向けた指導過程および指導方略に関わる提起でもある。

指導過程における自己組織性については、以下の視点をもって捉えた。①システムの構成要素レベルとして、素朴概念から科学的概念への再構成に向けた個における自己組織性、そして、②サブシステムおよび全体システムとして、協同的関係による学びの構築を図るグループ内およびグループ間関係で生じる組織における自己組織性、である。

自己組織性を生成する指導方略として、蘭・高橋（二〇〇八）が示したのは、「活動性への仕掛け」および「ミクロ－マクロループの形成とその相互作用」である。これにより、児童間相互のコミュニケーションが中心となるシステムおよびネットワークの生成による児童主導型学級組織が形成されていくとされる。本実践は、授業を通して、それを体現しようとする試みである。ここでは、その活動性への仕掛けとして、仮説検証過程に「認知的葛藤」を位置づけた。それは、仮説や実験方法にゆらぎを与えるための仕掛けであり、また、素朴概念から科学的概念への再構成に向けた活動性を誘起する賦活剤でもある。こうしたゆらぎに対して自己言及に向けた指導方略は、特に、実験結果と仮説間の整合性、論拠の正当性について検討する段階で有効に機能したことが確認された。認知的葛藤の有効性については、先に示した協同学習研究の指摘にある通り、他者から提供された葛藤的情報が学習者の知識構築に大きな援助としてはたらくこと、他者との認知的葛藤によって生じる省察活動が概念理解の深化に効果的であること、そして、問題解決のため外部へ向けた情報探索行動を促すことなどであり、それは他者との協同的関係による学びとの相乗機能によって生じるものであると考えられる。このことは、二点目の指導方略、ミクロ－マクロループの形成とその相互作用にも関わる。

ミクロ－マクロループの形成と相互作用に関しては、指導過程において、ネットワークを触媒機能とした協同学習を仕組んだ。これにより、グループの境界を超えた自律的な協働、また、グループ間での必要な資源や人材、情報へのアクセスや動員を図ることなどが確認された。こうしたネットワークによる効験は、グループという枠組みにとらわれない緩やかな結合形態（ルース・カップリング構造）によるものであり、外部環境（他者あるいは他グループ）を参照した判断基準をもとに問い直しを図ったり、評価したりする自己省察の過程を経て、科学的概念を構成すること、また、それとともに協同的関係により意味ある学びの構築を図るなど、自己組織的な変化をも可能とした。

授業における自己組織化とそれに関わるネットワーク機能が、学級組織という社会システムの自己組織性にいかに関わるか、また、それがいかなる効験を示すのか、今後、さらに多くの実践から多様な視点で分析、考察を図る必要があろう。そして、それに基づいた指導過程および指導方略の再構成は、授業を通して学級づくりを考える視点に新たな提起を与えるものであると確信する。

引用文献

蘭千壽・高橋知己『自己組織化する学級』誠信書房、二〇〇八。

堀哲夫『問題解決能力を育てる理科授業のストラテジー』明治図書。

稲垣佳世子・波多野誼余夫「事例の新奇性に基づく認知的動機づけの効果」『教育心理学研究』一九、一九七一、一―一二頁。

今田高俊『自己組織性と社会』東京大学出版会、二〇〇五。

伊藤貴昭「学習方略としての言語化の効果　目標達成モデルの提案」『教育心理学研究』五七、二〇〇九、二三七―二五一頁。

加藤寿朗「協同学習」山崎英則・片上宗二（編）『教育用語辞典　教育新時代の新しいスタンダード』ミネルヴァ書房、二〇〇三、一四七頁。

松森靖夫「初等・中等教育全体を通してみた地学教育の指導と評価」『理科の教育』四三、一九九四、一二―一五頁。

Miyake. N., Constructive interaction and the iterative process of understanding. *Cognitive Science*, **10**, 1986, 151-177.

Shirouzu. H., Miyake. N., & Masukawa. H. Cognitively active externalization for situated reflection. *Cognitive Science*, **26**, 2002, 496-501.

西口敏宏『ネットワーク思考のすすめ　ネットセントリック時代の組織戦略』東洋経済新報社、二〇〇九。

高木晴夫『ネットワークリーダーシップ』日科技連、一九九五。

若林直樹『ネットワーク組織　社会ネットワーク論からの新たな組織像』有斐閣、二〇〇九。

安田雪『ネットワーク分析　何が行為を決定するか』新曜社、一九九七。

表５－１　指導計画と展開

学習活動	自己組織性およびネットワークに関わる指導
1　演示実験および探索的実験により，試験管内の空気を温めるとゴム栓が飛ぶ現象を捉え，その要因について予想する。また，要因についての予想から問題を焦点化し仮説生成に向ける。	○演示実験および探索的実験の結果から，空気の体積変化や上昇など温度と関係づけて問題を抽出するとともに仮説を立てさせた。 演示実験や探索的実験の他，既習経験などから要因を考え，仮説に結び付けることができた。「ゴム栓が飛んだのは，試験管の中の空気が温められて，その空気が上に上がったからだろう」「冷蔵庫からペットボトルを出したら膨れていた。それは，ペットボトルの中の空気が温まったら空気は膨らんだのだろう」など，空気の温度変化とそれに伴った空気の動きや体積変化などに着目した要因を関係づけていた。
2　生成した仮説を類型化するとともに，それぞれの仮説に基づいて問題解決にあたるグループを編成する。 （1）仮説類型Ⅰ　空気膨張説 （2）仮説類型Ⅱ　空気上昇説 （3）仮説類型Ⅲ　空気循環説	○仮説に基づいて問題解決にあたるグループ編成については，空気膨張説，空気上昇説，空気循環説によるグループ編成を行った。
3　各グループで仮説に基づいた実験方法を考え，実験計画を立てる。また，実験方法について説明するための実験計画書を作成する。	○実験計画書を作成するにあたり，わかりやすく説明できるよう図や表なども有効に使うこと，また，仮説との関連を明確にして記述することなどを促した。 演示実験を参考に，各グループ内で仮説に基づいた議論を行い実験計画を立案している。空気を温める方法やそれに伴って起きる現象（膨張，上昇，循環）を観察する具体的方法として，石鹸膜を張ったり，ビニル袋を取り付けたりして状態変化を観る，水中に放出して確認するなど，多様な考えが出されていた。また，実験に使用する器具の選択についても話し合いがなされていた。
4　仮説に基づいた実験方法について，各グループで作成した実験計画書に基づき説明する。	○この際，グループ内での議論や協同作業を通してグループ内ネットワークの形成に向ける。また，同仮説の他グループ間との連携を図るなどグループ外ネットワークの形成も考慮した。 例えば，空気上昇説ＡグループとＢグループが協同で，注射器内の空気を温めたときのピストンの動きから空気上昇説について検証しようとする実験方法を考えるなど，グループの枠組みに囚われず，その境界を超えた協働，あるいは，ネットワークを通じた必要な資源や情報へのアクセスが頻繁になされた。

○各グループで作成した実験計画書は掲示しておき，随時グループ間で参照できるようにした。また，修正，変更，付加などがある場合，更新するようにした。

> 説明された実験方法について，意見や質問が出された。この段階で実験方法の不備について説明ができないグループは，その後，実験方法を考え直したり，仮説との関連を捉え直したりすることで，実験方法に修正や変更を加えていた。

5　各グループで仮説および実験方法について確認し，仮説検証に向けた実験をおこなう。

（１）仮説類型Ⅰ　空気膨張説

①試験管の口に石鹼膜を張り，試験管内の空気を温めたとき，石鹼膜の様子を観察する。

②フラスコを逆さにして水中に入れ，両手で本体を温めると，口から水中に空気が出るか観察する。

③空気の抜けたボールを湯の中に入れ，ボールの状態変化を観察する。

（２）仮説類型Ⅱ　空気上昇説

①注射器内の空気を温めたとき，ピストンの動きを観察することで空気の上昇について推察する。

②試験管の口に１円玉を置き，試験管を手で握って温めたときの１円玉の動きを観察する。

③試験管の口に石鹼膜を張り，試験管内の空気を温めたとき，石鹼膜の様子を観察する。

④フラスコ口にゴム栓，ゴム管を取り付け，ゴム管の先をビーカー内の水の中に入れる。フラスコ本体を湯に入れて温めたとき，ゴム管を通ってビーカー内の水の中に空気が出てくるか観察する。

（３）仮説類型Ⅲ　空気循環説

①フラスコの口にビニル袋をつけ，フラスコ内に線香の煙を入れて温める。そのとき，フラスコ内の空気の動きとビニル袋の変化の様子を観察する。

②ペットボトル内に線香の煙を入れ，その口に石鹼膜を張る。ペットボトルを温めたときのペットボトル内の空気の動きと石鹼膜の様子を観察する。

○左項（１）（２）の様に空気膨張説と上昇説とが混同した状態で同様の実験計画を立てたとしても，子どものもつ固有のロジックを優先させた。

○実験の内容と方法，そして手順について確認させ，仮説検証に向けた実験の視点を明確にさせた。空気を温めたり冷やしたりすることによって起こる現象理解に終始することなく，設定した仮説について疑問視したり，再考したりすることを促した。また，自仮説の実験方法に囚われることなく，他仮説グループの実験方法や結果を参照することで仮説や実験方法の修正，変更を考えられるようにした。

○他仮説グループの情報へのアクセスにより，自ら仮説や実験方法を考え直すための判断基準を得る契機と捉えた。そのため，この段階では，リワイヤリングすることでネットワークを広げ，多様な情報が得られるよう考慮した。

> 例えば，上昇説Ｂグループと膨張説Ａグループは，それぞれ仮説が異なるものの，同じ実験（試験管の口に石鹼膜を張り，試験管内の空気を温めたときの石鹼膜の様子を観察）をおこない，双方ともに同じ結果を得てそれぞれの仮説と結び付けた。双方，仮説を主張するため，補足的な実験方法を考え，証明しようとする動きが見られた。このように，他グループの実験内容や方法及び結果を参照して，自グループの実験内容や方法の妥当性について見直しを図ったり，結果と仮説との結び付きについて検討したりするなど，探究的な学習を展開する態様が確認された。

6　実験結果を記録するとともに，その結果と仮説との関連を明確化できるようにまとめる。

○実験結果を記述するにあたり，図や表なども有効に使い，仮説と関連づけながら考察させる。実験結果と仮説との関連を明確化できるように整理することで，それらの間に生じた齟齬を発見し，また再考する契機とした。このことは，自己言及に結びついたゆらぎを見出す機会ともなる。

	例えば，「試験管の口に張った石鹼膜が膨らんだのは試験管内の空気が膨張したためである。これは，仮説『空気は温められると膨張する』ことを証明したことになる」「フラスコ内に線香の煙は温めると動くため，空気が循環していると考えられる。そのため，フラスコの口に取り付けたビニル袋が膨らんだと考えられる」など，仮説とと実験結果とを関連付け，児童なりのアナロジーで説明しようとしていた。
7　導出された実験結果と仮説との間の齟齬，論拠の正当性などについて検討する。	○前段階で広がったネットワークは，この段階では各グループ内のネットワークに戻り，他グループを参照した判断基準をもとに自己組織化を図る手立てとした。 ○仮説および実験方法については意図的に素朴概念を生かした上で設定させたため，実験結果と仮説との間に齟齬の発見，また，論拠の正当性について検討させることにより，科学的概念へ再構成させるようにした。齟齬の発見，論拠の正当性について検討する観点は，例えば，実験結果は仮説と整合性をもち検証に結びついているか，実験結果から仮説を検証できたといえるか，また，仮説を証明するにあたって実験方法に不備はなかったか，などである。 「注射器内の空気を温めたとき，ピストンが上に上がったことが，空気の上昇に因るものだと結論づけられるのか」「試験管の口に張った石鹼膜が膨らんだことが，仮説『空気は温められると膨張する』ことを証明したことになるのか。石鹼膜が膨らんだことは，温められた空気が上昇したと考えられないか」など，仮説と実験結果との整合性，あるいは，仮説を証明するにあたっての実験方法の修正，不備や補足などについて焦点化した話し合いがなされていた。
8　仮説と結果の間の齟齬および論拠の正当性に問題を見出した場合，仮説および実験方法について再考する。また，正当性について確認された場合，他グループへの説明に向けて，その方法について話し合い，その準備をする。	○再度実験する観点を明確化して実験をおこなうとともに，実験結果について，他グループにわかりやすく説明するための方法を考えさせる。ポートフォリオやポスターなどの紙面説明のみならず，演示実験を交えるなどその工夫について講じることができるようにさせる。 例えば，循環説グループは，フラスコやペットボトル内の線香の煙が流れるといった現象的な捉え方に囚われ，仮説との整合性について説明することができなかった。また，上昇説Bグループは，試験管の口に石鹼膜を張り，試験管内の空気を温めたときの石鹼膜の状態変化から上昇説を主張したが，同方法で実験していた膨張説Aグループが，試験管口を横向き，下向きにしても石鹼膜が膨ら

	むことを確認したため，論拠が覆されることとなった。この後，上昇説Ｂグループは，実験方法の不備を補足修正する代替案が見出せず，膨張説へと仮説を変更している。膨張説Ｂグループは，ボールの状態変化を観察していた実験過程で，空気が冷えると収縮することに気づき，空気を温めたり冷やしたりすると，空気が膨張したり収縮したりするといった「膨張収縮説」に仮説を修正した。

（註１）□枠内は，観察された児童の学習行動についての記述である。

（註２）「自己組織性およびネットワークに関わる指導」において，「自己組織性」については，今田（2005）の示す自己組織性の特性から，①ゆらぎの生成と自己言及と②制御中枢の調整を，また，「ネットワーク」については，若林（2009）の示すネットワーク組織の特性から，①緩やかな水平的結合（ルース・カップリング），②組織の壁を超え，特定の目的を共有した自律的な協働，③ネットワークを通じて組織の内部や外部の人材，資源，情報の動員，④外部の環境を基準にした意思決定，⑤自己組織的な変化，を参考に記述した。

第6章 学級におけるネットワークづくりの方策
―ECR班の活用―

近年、学校現場においては、これまでの教師の常識や感覚が通用しない生徒の問題行動により、学級経営が乱されることが発生している。ケースによっては、彼らに発達障がいと診断がくだされることもあるが、現場の教師からみれば、その生徒は自分が担任する学級の一員であり、その対応に苦慮することも多い。そのための方策として、曽山・堅田（二〇一二）は、学級における「ルール、リレーション、友だちからの受容、教師支援」という四つの視点をあげている。ルールとは、学級内の対人関係に関するルールであり、リレーションとは、互いに構えのない、ふれあいのある本音の感情交流がある状態である。また、友だちからの受容と教師支援は、学級の中で友だちや教師からの褒め、誘い、助けなどの支援が積極的に展開されることで、学級の中で子どもがなじむことができることと述べられている。これは、言い換えれば、問題を起こす生徒を含めてのネットワークづくりということができる。

第1節 生徒の問題行動へのネットワーク対応

本事例は、学級におけるネットワークづくりの方策と、問題行動を起こす生徒へのネットワークを生かした対応について検討する。

(1) 学級が抱える問題

Ｍ中学校は、ニュータウン地区にある大規模校である。保護者の多くは高学歴高所得者で、生徒の学力も全般的に高く、落ちついた学校である。そのＭ中学校に入学した一年生のＴ君は、小学校からの引継ぎでは一匹狼的な問題児として伝えられていた。特に、音楽の授業が嫌いで、授業中は音楽室に入ることさえ拒むことがあったと報告されていた。

Ｔ君の学級、一年Ａ組は男子二四人、女子十六人の計四十人。学級担任は三十代後半の男性教師であった。この担任教師は、Ｔ君を先入観から否定的にみないためにも、小学校からの引継ぎ事項を鵜呑みにせず、観察しながらＴ君をごく普通の一人の生徒として受け入れることに努めた。

入学直後のＴ君は、そのような担任教師の想いをすぐに打ち破った。特にひどかったのが、「周りの人間は、みんな、俺を嫌っている！」という彼の強い固定観念だった。そのため、ささいな行き違いから、男女を問わず喧嘩が起きることも珍しくなかった。ときには、給食のときに流れる昼の放送の音量をめぐって、女子生徒に向かって「うるさい！」と大声で怒鳴ることさえあった。このような毎日だったため、彼の眼差しは鋭く学級の仲間をにらみつけることも多く、「死ね！」と怒鳴ることさえあった。しかし、そのＴ君も、落ちついているときは一人で黙々と漫画を描いていることが多く、思考力に優れ、授業中にはすぐれた意見を発言したりした。

担任教師は、このような状況から、Ｔ君が周りの生徒たちから是認される機会をつくることにより、彼が自己否定の呪縛から解放され、誰ともいさかいを起こすことなく、円満に接していくことのできる力の育成が不可欠だと考えた。

(2) ＥＣＲ班の導入

そこで、学級においては「交友関係の広がり」と、助け合いのできる「互恵主義の形成」を目指すこととした。以下三つの方法（以下、ＥＣＲ班と記す）を組み入れた、学級づくりの実践をおこなった。ＥＣＲとは、次の①～③のキーワードの頭文字を取ったものである。

①「多様性」を生み出す新たな「出会い」（Encounter）のある班編成

班は、仲良しグループに所属する者とは異なる者同士で編成する。これにより閉鎖的なグループの壁を越えた新たな「出会い」を生み出し、感覚やノリの異なる「多様性」を含有する班の形成を目指した。担任は、人間関係の広がりを目的とした班編成方法の提示をおこない、それについて生徒たちの同意を得た。編成条件は、第Ⅰ期班〔四月二七日～六月二七日〕が、「同性は前年度同じ小学校の同じ学級だった人とは同じ班にしない」、第Ⅱ期班〔六月二八日～十一月四日〕、第Ⅲ期班〔十一月五日～一月十三日〕は、「同性は前回同じ班だった人、同じ部活動の人とは一緒にしない」、第Ⅳ期班〔一月十四日～三月二四日〕は「同性は前回同じ班だった人とは一緒にしない」とした。この四期の区分はＭ中学校全体で実施されていた。班長は、男子三人、女子三人の立候補を公募した。班編成は、選出された班長六人と、学級委員長と副学級委員長を加えた合計八人でおこなった。各班の構成は、男子四人、女子は二人または三人の合計六人か七人で編成した。具体的な班員の選出と座席位置の決定は、すべて彼らに任せた。

②「相互作用」を活性化させる班での「協同」（Cooperation）活動

班における生徒の相互作用の活性化を意図して、共同場面を設定した。Ｍ中学校では、毎日の清掃活動や係活動、週ごとに輪番の週直活動や給食当番、配膳の仕事は、すべて班ごとに取り組むことになっていた。さらに、班内の生徒間の相互作用を促進するために「班ノート」を実施した。各班内の交換日記として輪番制にした。学級の全生徒たちに知ってほしい日記の記述は、担任が本人の同意を得て週二回ほど発行される学級通信に掲載した。これにより、学級における仲間の良さや意見が、他の級友にも伝わるようにした。

③望ましい適応行動の「選択」を促進する「承認」（Recognition）

迅速かつきめ細かいフィードバックは、日常生活における学習を促進する。そのフィードバックを円滑にするために、班内の他者や学級集団から認められる「承認」の機会を設けた。これにより、生徒の受容感を高め、望ましい適応行動が促進されるようにした。一日をふり返って感謝する人を発表する「今日のありがとう」と、班の週直活動や給食当番などの活動に対する多数決による「リコール制度」を実施した。この制度は、承認が過半数に満たない場合、翌週も同じ班が活動する仕組みだが、目的は、生徒たちによる生活の自己管理や班員同士の助け合いの増進、活動をがんばったときに学級から認められる機会をつくることであった。

上記三つの実践を日常的に連動させていくとともに、学級目標も「世界一、笑顔が輝く学級！」に決まり、全般的にみれば一年A組での学級活動は順調にスタートした。六月上旬の校外学習の班別行動においても、A組すべての班が時間内に集合を完了させることができ、学級の和が深まっていった。T君の班も、多少のトラブルはあったが、しっかり者でおとなしいタイプの生徒が多かったこともあり、無事に班別行動を終えることができた。

T君の友だちとのトラブルも、その後、徐々にではあるが減っていった。六月下旬に、男子生徒と喧嘩になりT君が殴りかかろうとしたことがあった。そばにいた担任教師がすぐに彼の体を抑えたが、それをムキになってふりほどこうとすることもなく、そのまま気持ちが静まるまで待てるようになっていた。

(3) 学校行事の活用

二学期、T君は学級議長になった。もともと頭の回転が良く、仕切ることが好きだったこともあり、T君はうれしそうにしていた。さらに、体育祭の応援リーダーに立候補して選ばれた。これは、彼の声の大きさが認められてのことだった。体育祭では、彼は力の限りがんばった。残念ながら勝負では負けてしまったが、体育祭後の「全力でがんばった人は、みんな、勝者だ！」という彼のことばが、その充実度を表していた。

体育祭終了後、一年A組では、いよいよ合唱コンクールの取り組みが本格化した。担任教師は、合唱練習では基本的には見守ることに努めた。ただ、生徒たちには「学級の和の深まりが、合唱に現れる」と話して、パート練習での人間関係の大切さを強調した。学級は「上を目指して楽しく合唱！　みんなが一番!!」をスローガンにして練習に取り組んだ。音楽嫌いのT君は、初めは乗り気ではないようだったが、同じパートの男子の気配りもあり、練習には参加していた。もともとはまじめな性格のため、練習が本格化すると、その態度は真剣そのものだった。

問題は、コンクール四日前、放課後に学級での合唱練習を優先できる学級優先日に発生した。この日は、本番前、長時間学級で練習できる最後の日だった。そのため、だれもが気合が入っていた。当然、その分、合唱の出来不出来にもだれもが神経質になっていた。

課題曲のある部分が、どうしても音程が狂ってハモることができなかった。何度練習しても良くならなかったので、合唱リーダーたちも厳しい口調となった。その過程で、自分の音程の狂いを気にしていたＴ君が突然大声をあげた。「俺がいなければいいんだろ！　俺がいなけりゃあ‼」。そのまま、練習場所を飛び出していったＴ君。その大声と行動に学級の生徒たちは、固まってしまったかのようにだれ一人動かず、声を発することさえできなかった。困った合唱リーダーは、その場を離れていた担任教師を呼びに行った。事情を聴いて、すぐに担任は練習場所に戻った。その場は、まだ沈黙のままだった。担任は、たった一言「このままで、いいのか？」と学級全員に向かって呼びかけた。すると、一人、二人、三人……と練習場所を離れて学級全員がＴ君を探しに行った。Ｔ君は、自分の教室に一人戻っていた。下を向いたまま、肩を震わせていた。学級の仲間たちもみな、教室にもどり、彼を取り囲むように立った。そして、だれからともなく「歌おう！」「一緒にやろう！」といいだし、みんながＴ君に声をかけた。Ｔ君は、うつむいたままうなずき、練習場所へと戻った。

最後に一度だけ課題曲と自由曲を全員で歌って、その日の練習を終えた。翌日、男子の合唱リーダーのＦ君は、「今日は、もろ涙流した。自分がまとめられなかった悔しさと、学級みんなで歌いたいのに……という思いが混じっていた。これをきっかけに最高の歌をつくりたい」と班ノートに四ページ分、合唱コンクールへの思いを記した。

コンクール当日。Ｔ君は歌い終えた後、ステージ袖で「超、気持ちいい！」と叫んだ。彼は、後日、このときの気持ちを次のように作文に記した。

「自分が、少し変わった気がする。これは、自分が変わったというよりも、この学級のやさしさが、心の奥でからまっていた鎖を解いてくれたから。逃げずに、前にある壁を、ぶち壊してでも前進して、あのとき、ああしておけばよかったなんて、絶対に言わないように生きていきたい。そして、このＡ組のやさしさを絶対に忘れずにこのまま進みたい。

学級全員での合唱。なぜか、あのとき、ずっと笑顔が止まらなかった。自分でも、なぜかはわからないけど笑っていた。ワクワクしていて、緊張していなかった。終わってからのあのすごい嬉しさ。（中略）

この一年Ａ組は、歌っていたとき、世界一笑顔が輝く学級になっていた。これは、間違いない。そして、この学級が世界一最高な学級だということも間違いない。一年Ａ組は、コンクールの金賞よりも大切なものを手に入れた」。

その後も、Ｔ君の友だちとのトラブルがなくなったわけではなかった。相変わらず、ささいなことから「あいつは俺を嫌っている！」と怒ることもあった。しかし、その頻度は激減した。それとともに、勉強でのがんばりが目立つようになり、三学期のⅣ期班では班長を務めた。

学級は、時々発生するＴ君のトラブルを、学級全体で協力的に対応しながら成長していった。三学期の百人一首大会でも、特別得意な人がいたわけでもなかったのに、学年で総合優勝を勝ち取ることができた。これは、仲の良いもの同士でチームを組むのではなく、各チームの戦力をなるべく均等化するという百人一首リーダーの作戦とチームワークの勝利だった。

そして、年度末の三月、だれとでも仲良く過ごしているように見えたＮ君は、一年間を振り返って次のように班ノートに記した。

「この一年間、いろいろなことがあったと思う。笑ったり、泣いたり、怒ったり。でも、すべてが今ではＡ組の思い出になった。入学当初は、勉強よりも友達関係のことがとても心配だった。僕は、この学級の人たちと仲良くやっていけるだろうかという不安でいっぱいだった。でも、時がたつにつれて、いろいろな人としゃべられるようになったことが、テストで百点とるよりも、うれしかった」。

それから、約六年後、Ｔ君から一通のはがきが元担任のもとへ届いた。中学卒業後は、県内トップレベルの私立高校へ進学したこと。その後、有名私立大学に入学できたことが記されていた。苦難を乗り越え自信に満ちたその文面には、もうかつての問題児とされた面影は全くなかった。

第２節　学級ネットワークで生徒の問題行動を乗り越える

本事例では、ネットワークづくりのための方策と、問題行動を起こす生徒への対応について検討する。

(1)　親和的なネットワークを構築するＥＣＲ班

本事例におけるＥＣＲ班は、アクセルロッドとコーエン（二〇〇三、Axelrod & Cohen 一九九九）の個体群アプローチを参考にしたものである。個体群（population of agents）とは、小集団のことである。これを学級集団に置き換えると、インフォーマルな個体群が生徒の仲間関係によって形成された「仲良しグループ」であり、フォーマルな個体群は学級に編成される「班」がそれにあたる。この個体群（班やグループ）についてアクセルロッドら（一九九九）は、①新たな改善の受け皿としての役割、②環境の一部としての役割、③学習可能な源泉としての役割の三つがあり、その特徴として、第一に相互作用パターンがあり、相互作用しやすいエージェント（生徒）の組と、そうでないエージェントの組があることと、第二に戦略が個体群のメンバーに伝播すること、を理論化した。この戦略は、「多様性」（variation）をもつ不特定な相手との「相互作用」（interaction）における模索（探査）によって変化する。個性や考え方の異なる他の生徒と接することで、生徒は適応のための新しい方法を学ぶ。このような適応方法の変更プロセスを「選択」（selection）という。選択は、試行錯誤からの学習、成功している生徒の適応方法の模倣などから生じるといわれる。このような「多様性」を生み出すための「出会い」、「相互作用」を活性化させる班での「協同」、望ましい適応行動の「選択」を促進する「承認」を指導プログラム化したものがＥＣＲ班であった。

これを、ネットワーク論で考えると以下のようになる。ＥＣＲ班では、同じ生徒同士が続けて同じ班にならないように編成されている。これは、中野（二〇一一）のいう「フォーマルなプロジェクトチームを何度も組み換えることで、フラットでインフォーマルな人間関係への活性化を図るもの」である。新たなインフォーマル・ネットワークをつくり出すことで、そこに属そうとしない生徒を、学級のインフォーマルな人間関係に巻き込んでいく方策である。

一方、人間がそのソーシャル・ネットワークに参加するには、一人ひとりの異なる合理的な判断の基準がある（中野二〇一一）ことを忘れてはならない。事例では、ＥＣＲ班を通して仲間から是認される機会を継続してつくり出すことで、学級内に互恵的な文化を形成していた。このような背景により、仲間や音楽を嫌っていたＴ君が合唱練習に参加できたと考えられる。これは、ネットワークのつなぎ直しにより、これまで自分の殻にこもっていたＴ君が他者性を獲得したということもできよう。

（2）危機を乗り越えた学級の自己組織性

しかし、合唱練習の過程でＴ君は練習を飛び出してしまっている。この危機において、生徒たちは（担任の一言はあったが）、自主的に対応している。仲間の声を、「自分を排除する」ように受け止めたＴ君。あくまでも、「良い合唱にする」ために厳しいこともいい合っていた学級集団。初めは、生徒たちはＴ君の飛び出しに戸惑いもみせていたが、状況を受け止めてからは自分たちで彼を迎えに行っている。ネットワーク組織は、「多様性とゆらぎをもっているので、主体的・創造的に新たな組織構造を創り出しやすい」（若林　二〇〇九）と指摘されているが、この学級にもその状況を認めることができる。このようなネットワーク組織がもつ柔軟な適応性により、この学級は危機を乗り越えることができたといえよう。

（3）ネットワーク・プロデューサーとしての学級担任

事例のN君の記述にもあるように、生徒にとって友達関係を構築することは最大の関心事である。このようなネットワークの構築が、学級や生徒の適応力を高め、結果的には問題行動を抑制することにも通じている。

学級において、インフォーマル・ネットワークのクラスター（小集団）が形成されることは、重要である。しかし、そのクラスターが閉鎖性をあわせもつ場合、クラスターに属することのできなかった生徒にとって、学級は「苦しみの場」となる。そのためにも、本事例にあったように、風通しの良いネットワークのプロデューサーとしての、担任教師の指導力向上が今後も求め続けられるだろう。

引用文献

Axelrod, R., & Cohen, M. D. *Harnessing complexity.* New York: Free Press, 1999.（アクセルロッド、R.＆コーエン、M. D. 高木晴夫（監訳）寺野孝雄（訳）『複雑系組織論』ダイヤモンド社、二〇〇三。）

中野勉『ソーシャル・ネットワークと組織のダイナミクス』有斐閣、二〇一一。

曽山和彦・堅田明義「発達障害児の在籍する通常学級における児童の学級適応に関する研究　ルール、リレーション、友だちからの受容、教師支援の視点から」『特殊教育学研究』五〇、二〇一二、三七三―三八二頁。

若林直樹『ネットワーク組織　社会ネットワーク論からの新たな組織像』有斐閣、二〇〇九。

第７章　学校行事を学級経営につなぐ
―文化祭の活用―

本章では、学校行事を活用して学級経営につなぐ教師の援助的介入について整理した。ここでは、文化祭での学級劇活動についての事例を通して、そこで生徒に育てることが期待される二つの協力について考えてみたい。

第１節　学級劇活動に期待される二つの協力

日本の学校では協力を重視する風土がある（柏木　一九八三）。一年間の学校行事における協力について、学級づくりの観点からみてみる。学級開きから間もない五月の旅行的行事は、所属する学級集団への親和や愛着形成を意図した協力の機会として有効である。班などの小集団で生活のルールやスケジュールについての話し合いなどが進められる。この活動を通じて、どんな学級であるのか、学級の他の生徒たちについて探索的な理解が進む。

次に、学級集団への理解や学級メンバーとの親和性がある程度高まった二学期においては、体育祭と文化祭の活動がおこなわれる。体育祭は文化祭と比べて、準備での生徒の活動時間は数日と短く、生徒相互の協力的な活動もそう多くない。徒競走といった競技結果が得点化され、他学級との競争によって勝負が決まり、その順位は学級ごとの協力の指標とされる。このような面から生徒間では「協力できた学級が勝つ」などと認識されている。ここでは、同じ場所で同じ活動をするという同一活動水準の協力による合意形成であり、これによってさらに学級への所属感や一体感が高まる

表７－１　文化祭での学級劇活動における教師の介入の例（樽木，2013より作成）

	教師の介入	介入の例
活動初期	活動の内容を伝える	活動する気持ちがあっても何をしたらよいかわからない生徒が活動できるように活動内容を伝える。
	生徒自身が考え，活動することを伝える	教師の指示ではなく，生徒自身が判断したうえで活動することを伝える。
	学級の協力を意識させる	好きでない役割もしないと学級劇は成立しない，という学級の協力を伝える。
活動中期	学級と生徒個人を取りもつ	学級の生徒がだれも関われなかった生徒個人と他の学級メンバー相互の関係を取りもつ。
	実現可能な方法の提案	生徒のアイデアを実現可能な方向に修正する。
	小集団の状況に注目した介入	小集団で協同できているかに注目し，協同のきっかけをリーダーにアドバイスする。
活動最盛期	話し合いの提案	メンバーの相互理解の不足から生じるトラブルを解決するために，話し合うことをアドバイスする。
	話し合いと待つことの提案	話し合うよりも待つことが効果的と判断するときに，待つことをアドバイスすること。
	適時な介入	介入のタイミングを逃さないこと。
	見守る介入	多くの生徒が背景づくりの活動場面に魅力を感じているため，他の係メンバーがそれに加わることを容認する。

ことが期待されている。勝敗の行方に関心が集まるのも、学級への所属感や一体感の高まりが影響しているからと考えられる。

他方、学級劇などの文化祭の活動は、体育祭の活動と比べて、どの役割も分業的であり、より創造的であることを特質としている。例えば、学級劇の活動では学級全体で同じことを準備するような他の行事と異なり、学級メンバーが一つの劇を上演するために、出演・大道具・衣装係などの係を役割分担して活動する。そこでは、係集団としての協力が求められる。係の小集団で協同した活動がおこなえるようになることを小集団が発達した状態と捉える。村山・野島（一九七七）はベーシック・エンカウンターグループの発達を検討し、メンバーに相互信頼が育つように発達することが重要だとしている。他方、学級劇の成功という同じ学級目標を目指しながらも、学級メンバーが異なった役割活動をおこなう「分業的協力」も同時に求められる（樽木 二〇一三）。協力について、蘭（一九八八）は次の四水準で分類している。一番低いレベルは一人でもできることを何

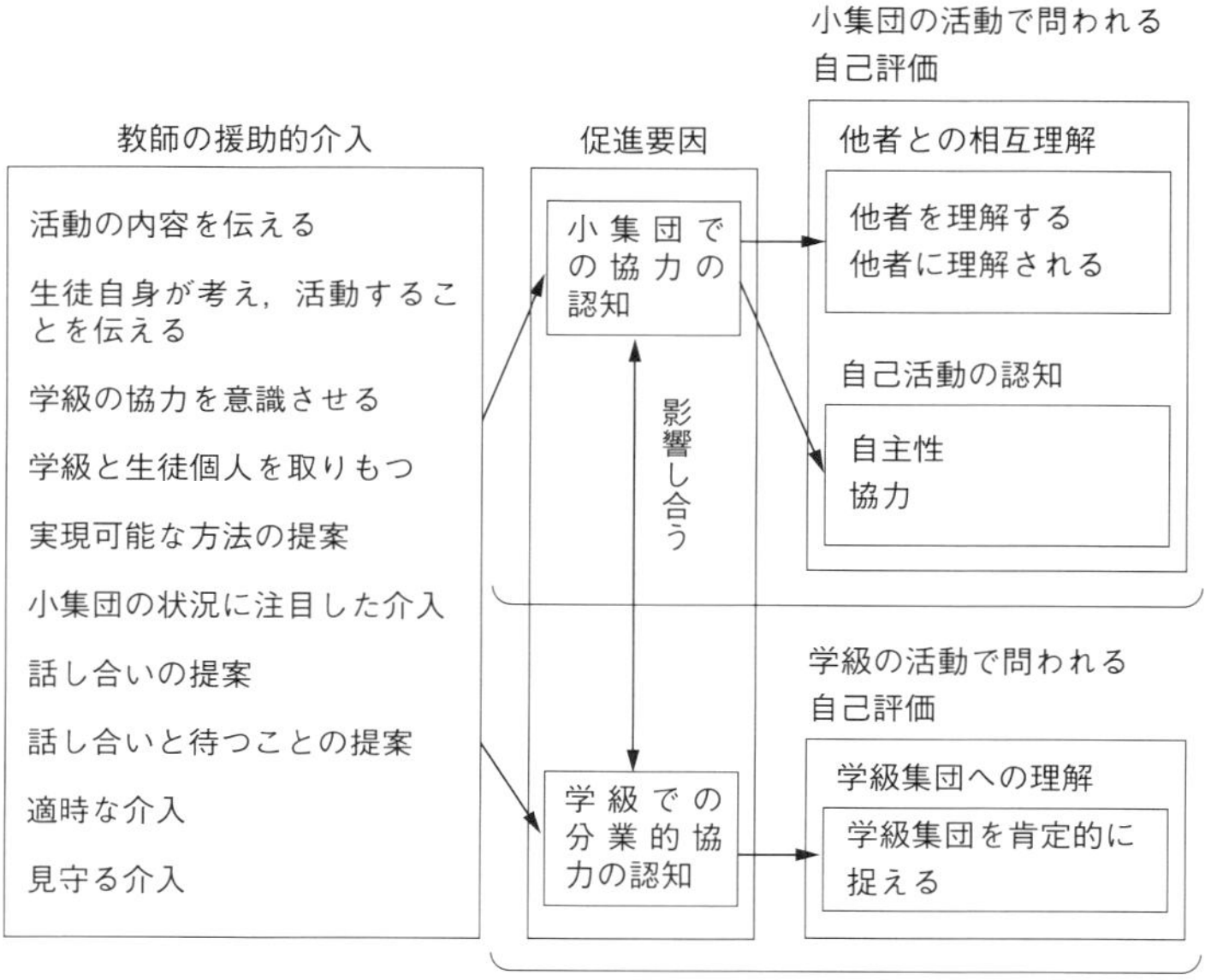

図7－1　教師の介入が2つの協力を介して生徒の自己評価に及ぼす影響
（樽木，2013より作成）

人かで協力しておこなう段階である。二番目は、一人ではできないことを何人かで協力しておこなう段階である。三番目は、一人ではできないことを何人かで協力しておこない、それを二つの小集団で互いに協力しておこなう段階である。一番高いレベルでは、集団のメンバー一人ひとりが異なることをしながらも、互いに協力し合う段階としている。このような協力の水準の中で、「分業的協力」はきわめて高い水準の協力といえるであろう。

このような学校行事のうち文化祭での学級劇の活動を対象として、教師の介入による生徒の自己評価への影響について教師を対象に聞き取りをおこなった。その結果を表7－1、図7－1のように整理した。表7－1より、学級劇活動の時期に応じて「活動初期」「活動中期」「活動最盛期」に分類した。活動初期には、活動内容を伝え、教師の指示を待つのではなく自分たちで考えて活動し、学級での協力を意識させるような介入が見られた。活動中期には、生徒だけの関わりだけでは関係を築けない生徒と学級との関係を取りもつこと、実現可能な方法の提案、小集団で協同できているかなどの状況に注目した介入が見られた。活動最盛期には、考え方の違いによるトラブルに応じた話し合いの提案、話し合いを勧めるか待つことを勧めるかについてアセスメントをおこなったうえでの提案、タイミングを見極めた適時な介入、容認する見守る介入が見られた。

図７－１より、このような教師の介入が「小集団での協力の認知」を介して生徒の自己の活動や一緒に活動する他者との相互理解に影響することを教師自身が認識していることが示唆される。さらに、このような教師の介入は「学級での分業的協力の認知」を介して学級集団への理解に影響することも教師が認識していることが示唆される（樽木　二〇一三）。

第２節　係集団での協力への教師の援助的介入の実践事例（事例一）

ここでの事例は、筆者が担任教師として受けもった中学三年生の文化祭での学級劇活動を対象としたものである。学級を出演者、大道具、小道具、衣装、照明、音響などの係に分担して、十月の約一ヵ月間、学級活動の時間と放課後の時間を使って準備を進めた。中学三年生の文化祭は彼らにとって、事実上、最後の学校行事となる。学級の多くの生徒は思い出になるような活動がしたいと、それまでの二年間よりも肯定的な体験を望んでいた。また、彼らの文化祭は、学級の企画だけではなかった。生徒会役員は生徒会の企画、吹奏楽部等の文化部に所属する生徒は部活動の企画もあった。さらに、学級のなかには有志でダンスの上演をする生徒もいた。ここでは有志企画のダンスと学級劇の衣装係を兼任した女子三名のＡグループと、彼女たちとは日常的につながりのない女子二名のＢグループ・女子三名のＣグループが、学級劇での衣装係の活動を通してつき合いをもち、協同が成立した事例を検討する。

（1）特徴の合わないグループを組み合わせた係集団

Ｂ・Ｃグループは、ともに、学級での活動に積極的であり協力的であった。Ａグループのメンバーは学級での活動にやや無頓着なところもあった。担任教師には、Ｂ・Ｃグループのメンバーほどは積極的でなく、学級でのルール等にもやや無頓着なところもあった。担任教師には、表面だっての喧嘩などはないが、特徴が合うようには思えなかった。係決めには、担任教師が教室に表を掲示し、希望する係に生徒自身が記名して決める方式で一週間ほどかけて決定した。三つのグループは、それぞれが希望していることを承知のうえで希望し、決定した。担任教師はこれらのグループが一緒に組んでいることを不思議に感じたが、新たな出会いに期待しようとした。

（2）協同の成立しない係集団

衣装係は、もんぺなどの戦時中の子どもの衣装と出演者七名が隠れて演じることができる大きな着ぐるみの製作が役割であった。彼女たちはまず、戦時中の子どもの衣装を分担して製作した。放課後の活動は、Ａグループは有志によるダンス上演の企画ももっていたため、そちらの練習に熱が入っていた。そのため、学級劇の活動開始期の放課後は、Ｂ・Ｃグループの五人で衣装の製作を始めた。Ａグループは放課後の衣装係の活動に参加せず、分担された役割を家にもち帰っていた。担任教師は係活動が一緒に参加できておらず、Ａグループが他のメンバーと接触がないことを気にした。そして、双方に一緒に活動するように声をかけ合うよう促したが、それ以上強くは指導しなかった。

この時期にはＢ・Ｃグループはつき合いをもてていたが、彼女たちとＡグループはつき合いのない閉じたままであった。Ｂ・Ｃグループには、協同して衣装係の準備をすることが高い優先順位であったが、Ａグループにはダンス上演の準備の方が高い優先順位であったと考えられる。担任教師は協同の必要性を伝える援助的介入をおこなった。

（3）グループ同士がつき合うきっかけ

担任教師は、依頼された大きな着ぐるみ用の布を衣装係のチーフ（Ｂグループ）に渡していた。劇上演日も数日後に迫ったが、大きな着ぐるみは未だ布のままで、手をつけられていなかった。大きな着ぐるみは人手のいる作業であり、協同のレベルが高い課題であったため、最後まで手がつけられなかったのである。担任教師はいつも一緒に活動している五人だけで製作せずに、着ぐるみの製作を八人で揃って活動するきっかけにしたいとチーフに話していた。

劇上演日が間近に迫った日に、担任教師は、活動時間がもうないことを説明しようと、放課後、衣装係は全員、被服室に残るように伝えた。担任教師が予定時間に少し遅れて被服室に行くと、すでに作業は始まっていた。担任教師の話したいことは理解していたのか、手際よく、八人で作業を進めていた。

大きな着ぐるみの製作は五人では不足であり、チーフも八人での協同のきっかけにすることを理解し、Ａグループの三人も同様に理解していたと考えられる。この時期には、学級劇の大道具係が背景画を完成させ、出演者の練習も形になってきていた。そして、Ａグループもダンスの練習に目途をつけ、彼女たちにも協同の優先順位が高まっていたと考えられる。課題の協同レベルの高さと制限時間が迫っていることも彼女らの変化に影響し、閉じた関係を開くきっかけになったと考えられる。

（4）グループ同士の理解

それまで協同のきっかけをもてないでいたが、担任教師に小言をいわれる機会を協同のきっかけに活用したかのようであった。Ｂ・Ｃグループのメンバーは初めＡグループの三人を協力しないメンバーと捉えていた。協同が成立するようになると、ダンスの優先順位が高いメンバーと理解するようになった。

特徴が合わないように思えたＢ・ＣグループとＡグループのメンバーは、それぞれを受け入れたようであった。大きな着ぐるみの製作後に、Ａグループが他の五人にダンスを見せている場面などが印象的であった。Ｂ・Ｃグループのメンバーからは「友達がダンスを見せてくれた」「前よりも仲良くなった」とAグループの三人とのことが印象に残ったと話していた。Aグループのメンバーからは「劇の衣装作りもみんなと楽しみながらできた」「みんなと大きな着ぐるみを作った」と他の衣装係メンバーとつき合えた様子や「大きな着ぐるみを作らなくては」と衣装係の活動を気にしていた様子を話した。

（5）仲間集団どうしのつき合い方の変化

担任教師がA、Bグループのメンバーに、普段は一緒に行動しないグループが一緒に活動できたことに気づいたかとたずねた。すると、これまでだと考えられないことだが、一緒に活動してみると思っていたほどの違和感はなく、前よりも仲良くやれそうだと答えた。これは、接触場面だけの効果ではなく、互いについての視点を変更し、新たな観点で相手をみられるようになった効果と考えられる。もちろん、その後のこれらのグループが日常的な行動をともにするほどの関係にはならなかったが、躊躇なく声をかけ合えるようになるなど、これまでのような特徴が合わないような場面が減ったように感じられた。

些細なきっかけではあるが、協同体験を通して、他者や出来事をみる認知枠組みを変更し、新たな認知枠組みから出来事や他者をみて、それらに対応できるようになる。それに伴い、その個人が所属するグループも受け入れて、仲間集団どうしのつき合いも見られるようになったと考えている。

（6）事例一のまとめ

二つのグループ間にはそれまでのつき合いがないため、つき合いのない人は嫌いな人という感覚を互いにもっていたようであった。学級劇の活動にはいくつかの役割があるが、衣装係は女子の希望が多い係である。つき合いのないグループと組むことは知っていたが、役割の魅力で係選択したと考えられる。

この事例の一つ目のポイントは、この配役の衣装はだれが担当などと分業した活動だけになっていないことである。大道具係では大きな背景画を製作するために協同は必然であるが、大きな着ぐるみの製作がメンバー揃っての係集団としての協同のきっかけになっていることである。二つ目のポイントは、協同を促進する教師の介入のタイミングである。Ａグループがダンスの練習に目途をつけた時期に教師から声がかかった。彼女たちは協同を否定するメンバーではなく、協同に向かう時期を模索していることを見定めたうえでの介入が有効であった。

係集団で協同できてからは互いの相互理解が自然に進んでいる。このような効果に担任教師として、文化祭や学級劇の活動に大きな魅力を感じるのである。

第３節　学級での分業的協力への教師の援助的介入の実践事例（事例二）

ここでは、学級で協力できなかったために学級劇活動をおこなうことが困難であった中学校二年Ａ組三六名への担任教師の関わりについての事例を検討する。筆者は当時、中学二年生の学年主任であった。Ａ組の担任Ｂ先生が体調を崩して長期の欠席となったため、担任を代行した。

学年の生徒には、一年次より、書写の授業などで、道具があっても忘れたと報告し、嫌いな書写をしないなどの行動がみられた。中学二年生は五月の遠足、六月の球技大会、九月の合唱コンクールなどの行事を経験して、十月の文化祭を迎えた。遠足、球技大会ではそれほど準備の活動を必要としなかったので、行事は予定通り進行できた。合唱コンクールでは準備の活動も必要になり、練習場所に学級メンバーが集まらない、走り回って合唱の隊形がつくれないなど学級全員での合唱練習も困難な状況であった。このころ、学級での取り組みに協力できなかったり、授業に落ち着いて取り組めない生徒がいた。この事例についての学年・学級の状況、教師の介入および介入の意図や成果を表７－２に示した。

（1） 学級劇活動開始期

対象学級では、文化祭で学級劇をおこなうことを七月に決めていた。一人一役で役割分担を進めたが、主役の配役が決まらなかった。配役が決まらず劇の練習はできなかったが、決まった大道具、小道具、衣装などの係は活動を始めた。落ちついて授業に取り組めていない生徒に主役を任せたいというB先生の意図があったが、その生徒に主役を勧める関わりもできないまま、物づくりの活動だけが進んでいた。

（2） 新担任の方針の伝達

B先生の欠席が続き、学年主任がこの学級の文化祭に関わることとなった。文化祭までには十日程度しかなかった。このままでは学級劇はできない状態だった。劇練習はできていなかったが、大道具、衣装などの係は、学級活動の時間や放課後に活動を進めていた。生徒は係での活動を楽しみ、この活動を大事にしている様子がうかがえた。しかし、それは個人の楽しみとしての活動であって、学級で協力した活動にはなっていない。好きなことはするが嫌いなことはしない学年の生徒の特徴も影響しているように思えた。そこで、次のような方針で学級の生徒に働きかけることとした。

①学級劇への取組みの状況を認識させる

文化祭当日までに時間的な余裕がないこと、配役が決まっていないこと、好きでないこともしなければ学級劇は成立しないことなど、生徒や学級の状況について伝えることにした。

②生徒自らが話し合えるように働きかける

教師の指示ではなく、生徒が自分たちで話し合って学級で協力できるようになることがこの活動に望まれていると考え、次週の生徒の活動を方向づけることまでしておかなければならないと考えた。これらの働きかけのために、他の学級が文化祭の準備をしている学級活動の時間に学級会を開いた。

（3）学級会での提案

学級会では、まず、担任のB先生が体調を崩し欠席が今後も続くこと、その間、学年主任が担任を代行することを伝えた。生徒たちは静かに話を聞いた。次に、学級の現状では学級劇は無理ではないかと話した。その理由として、劇なのに配役が決まっておらず、一度も劇練習できていないこと。そのような状況は、好きなことだけして、必要なことをしなければ劇が成立しないことを考えていなかったからではないかと加えた。「つくった物は演じる人がいて初めて、衣装、大道具になる。演じる人がいない今は、衣装にも、大道具にもなっていないと思う」と話すと、生徒の多くは下を向いた。

現状報告だけで学級活動の時間が終わってしまった。生徒の話し合いの場までは設定できなかった。生徒も今後の方向性を決めることを願っている様子だった。この日は、職員会議のため生徒全員下校しなければならず、放課後まで学級会を続けることはできなかった。この状況ならば、生徒たちはこの後どうするかを相談できると考えて、放課後、あらためて登校しての学級会を提案した。放課後の学級会が成立しなければ、学級劇をおこなうことは難しい。生徒の物づくりの状況から学級劇に愛着をもっていると捉えていたので、学級会に来れば、その方向で話し合いが進むと考えた。文化祭の活動を学級の活動と考えている生徒のやる気をつぶしたくないとも考えた。

（4）放課後の学級会

職員会議を終えて、学年主任が教室に向かうと三一名の生徒がすでに話し合っていた。教室に入った学年主任に向かって、中心的に学級劇の企画を進めてきた生徒たちが、「今まで、自分の好きな仕事しかしてこなかったけど、この劇をやるために、何でもするつもりです。やらせてください」といった。他の生徒もその発言に賛成した。学年主任は話し合いの様子を見て考えると伝えた。

決まっていなかった配役は生徒たちの話し合いで決めることができた。そのような状況は生徒が学級劇を続けるため

表７－２　文化祭以前の状況，学年主任の介入後（文化祭 10 日前から）の学級の状況，教師の介入および介入の意図や成果

文化祭以前の状況	１年次よりある生徒たちは道具があっても，嫌いな書写をしないなどの行動が見られた。 ２年次の５月に遠足，６月に球技大会に取り組んだ。少ない準備活動で，行事は予定通り進行できたと教師たちは感じた。 ９月の合唱コンクールでは練習場所に学級メンバーが集まらない，走り回って合唱の隊形がつくれないなど学級全員での合唱練習も困難な状況であった。このころ，授業に落ち着いて取り組めない生徒もいた。 文化祭で学級劇をおこなうことを決め，一人一役で役割分担を進めようとしたが，主役の配役が決まらなかった。そのため，劇練習はできなかったが，物づくりの活動は進んでいた。落ちついて授業に取り組めていない生徒に主役を任せたいＢ先生の意図があったが，その生徒に関わることはできなかった。		
時期	学級の状況	教師の介入	介入の意図，成果
文化祭10日前	Ｂ先生の欠席が続き，文化祭の期日も迫っていたため，学年主任がこの学級の文化祭に関わることとなった。 現状報告だけで学級会の時間が終わってしまった。	他学級が文化祭の準備をするなか，学級会を開き，学級の現状について伝えた。 この日は全員下校しなければならないため，放課後あらためて登校しての学級会を提案した。	学級劇への取組みの状況を認識させ，生徒自らが話し合えるように働きかけることを考えた。 生徒たちがこの後どうするかを相談させることを考えた。
文化祭10日前放課後	教室には 31 名の生徒がすでに話し合っていた。「今まで，自分の好きな仕事しかしてこなかったけど，この劇をやるために，何でもするつもりです。やらせてください」と生徒からの発言もあった。決まっていなかった配役を話し合いで決めた。	生徒の話し合いを見守り，その様子を見て学級劇を継続するかどうかを判断すると伝えた。 そして，学級劇の企画を継続することを決めた。	放課後の学級会が成立しなければ，学級劇は難しい。生徒の物づくりの状況から学級劇に愛着をもっていると捉えていたので，学級会に来れば，その方向で話し合いが進むと考えた。
文化祭7日前	学級みんなで教室で劇の練習をした。生徒もリーダーの指示に従って活動した。	劇練習はすべて生徒に任せた活動とした。	劇の練習に学級で協力できていると教師には思えた。
文化祭以降	１週間で間に合わせることが精一杯であった。	二学期末の個人面談で文化祭活動についての感想を求めた。	学級のメンバーは休み時間の話し相手が増え，交流が広まった様子であった。生徒は，自分たちの力で学級劇をおこなうことができたと自信を得た様子であった。

に協力しているように見えた。その様子から、生徒たちと学級劇の続行を決めた。大道具、小道具、衣装はほぼできているので、次の一週間は劇練習を優先することも確認された。

（５）学級会後の学級劇への取組み

次の一週間は学級みんなで教室で劇の練習をした。企画を中心的に進めてきた生徒たちが周囲の生徒に劇練習に集中するように声をかけ、出演者に動きなどをアドバイスして練習した。練習する生徒もそのようなアドバイスに従って活動した。劇の練習に学級で協力できていると思えた。このように劇練習はすべて生徒に任せた活動であった。一週間で劇を間に合わせることが精一杯であった。

当日の上演は、そのような生徒のがんばりが感じられる出来映えであった。学級の多くのメンバーが、自分たちの力で学級劇を成立させたと捉えていた。自己の活動や学級への評価も高めている様子だった。

（６）学級劇が終わって学級の変化

文化祭以前に比べて、学級のメンバーは休み時間の話し相手が増えるなど、多くのメンバーと関われるようになり、生徒の交流が広まったと感じられた。学級劇活動を通して得られた協力の体験により、生徒は学級集団に対して肯定的な評価をするようになった。

二学期末の個人面談で文化祭活動についての感想を求めると、多くの生徒は、自分たちの力で学級劇をおこなうことができたことに自信を得たと話していた。中心的に企画を進めた生徒たちは、自分たちが話し合うことで学級劇を続けることができたと捉えていた。学級劇は無理だといった学年主任に続行を認めさせ、劇練習も自分たちで進めることができたと捉えていた。

（7）事例二のまとめ

学級劇は多くの役割を結集して成立するのだが、自分のしたくない役割は他のだれかがやってくれるだろうと、生徒は自分のしたい役割だけに焦点を当てて学級劇の企画を選択することがある。事例二はそのような事例であった。劇の練習を一度もしていないことに違和感をもっていたのであろうが、自分が何かしなくてはという意識は高まっていなかった。

担任の交代をきっかけに、生徒にそれを問いかけたことがこの事例のポイントである。教師は活動を進捗させるための分業した作業を指示することはしなかった。そうではなく、現状を認識させ生徒に考えさせることに焦点を当てた介入をおこなった。放課後、あらためて登校しての学級会には高いハードルがあるが、それまでの活動ぶりから、生徒が学級劇活動に愛着をもっていると認識したうえで提案した。

放課後の学級会では三一名の生徒が集まったこと、教師が来る前に話し合いを始めていたことから、生徒の意識が高まっている様子が感じられる。学級での協力とは、自分のしたいことのためにだれかが協力してくれることではなく、学級で一つのことを成し遂げるためにそれぞれのメンバーが協力することである。それを理解することで学級集団への理解が進む。それを学ぶ機会として、文化祭や学級劇の活動に大きな魅力を感じるのである。

第4節　まとめ

本章では、文化祭での学級劇活動についての二つの事例を通して、生徒に育てることが期待される、係集団での協力、学級での分業的協力の重要性を検討した。事例一では、中学三年生の衣装係における女子グループ同士が協力できることで他者との相互理解が進むことが示唆された。事例二では、中学二年生の学級での分業的協力に意識を向けることで学級集団の理解が進むことが示唆された。

いずれの事例でも教師は生徒に指示的な介入はおこなっておらず、事例一ではメンバーに係としての協同のきっかけを提供し、事例二でも生徒に学級で協力する意味を示したうえでの話し合いの機会を提供しているにすぎない。このように、教師は受け入れを生徒に任せた提案をおこなっているにすぎない。つまり、生徒が主体的に活動に取り組めることを基本としている。学校心理学では、このようなすべての生徒を対象とした援助を一次的援助としている（石隈 一九九九）。これに倣って、本稿では、生徒の状況を観察したうえで、彼らの主体性に教師が力を貸す介入を援助的介入と表現している。

集団遊びの機会が減り、仲間とのコミュニケーションを学び実践する機会が減っている。このような課題に対し、樽木（二〇〇五）では学校行事の活用を提案している。昨今、子どものコミュニケーション能力の低下が問題視され、社会的スキルトレーニングを学級で実施する学校もある。トレーニングの成果を実践する場としても、学校行事の活用が考えられるのではないだろうか。

引用文献

蘭千壽「教室の内側」新井郁夫・西村文男（編）『講座学校学2　学校の生活』第一法規、一九八八、一一三―一六〇頁。

石隈利紀『学校心理学　教師・スクールカウンセラー・保護者のチームによる心理教育的援助サービス』誠信書房、一九九九。

柏木恵子『子どもの「自己」の発達』東京大学出版会、一九八三。

村山正治・野島一彦「エンカウンターグループ・プロセスの発展段階」『九州大学教育学部紀要（教育心理学部門）』二一、一九七七、七七―八四頁。

樽木靖夫「中学生の仲間集団どうしのつき合い方を援助する学校行事の活用（教育心理学と実践活動）」『教育心理学年報』四四、二〇〇五、一五六―一六五頁。

樽木靖夫『学校行事の学校心理学』ナカニシヤ出版、二〇一三。

第８章 保健室から学級につなぐ

第１節　はじめに

子どもたちを取り巻く環境は、情報化、国際化、少子高齢化等の社会へと姿を変え、生活環境や生活様式の変化の影響を受け、心身の健康問題にも新しい社会的課題を生じさせてきている。そのようななかで保健室は「心の居場所」としての機能を求められ、養護教諭の役割がますます重要性を増している。一九九七年の保健体育審議会の答申では、養護教諭は、児童生徒の身体的不調の背景にいじめなどの心の問題が存在していることにいち早く気づくことのできる立場にあり、養護教諭のヘルスカウンセリングが一層重要な役割を担っているとしている。そして養護教諭に求められる資質として、カウンセリング能力や問題解決のための指導力に加えて、企画力、実行力、調整能力などが明示された。また、二〇〇八年に公布された学校保健安全法において、養護教諭を中心として関係職員等との連携した組織的な健康相談、保健指導、健康観察が規定されるなど、養護教諭の役割について法的にも明確化が図られた。

日本学校保健会が二〇一一年におこなった「保健室利用状況に関する調査報告書」(二〇一三)を見ると、一校当たりの一日平均保健室利用者数は、小学校二五・八人、中学校二四・七人、高等学校二六・六人となっている。また、保健室登校では、過去一年間に保健室登校の児童生徒があった学校は、小学校で二八・五%、中学校で四一・六%、高等学校も三七・三％であった。

多くの子どもたちが出入りする保健室からは、学級担任と連絡・連携を取らなければならないことも多い。養護教諭にとって、対応する子どもの数に即して学級担任が存在し、それぞれの担任の性格やおかれている立場を理解しながら、連絡・連携を進めていくことになるのである。松永・大谷・中川ら（二〇一三）は、教師集団のなかで一人だけ専門性をもつ職種として、養護教諭は一般教諭と比較にならないほど教員の適応に心を砕いているとしている。また並行して職場集団に働きかけて、彼らが自己実現しやすい（＝適応しやすい）職場に変えていく努力も必要になると述べている。なかでも特にこれらのことが要求される保健室登校について、伊藤（二〇〇三）は、養護教諭の保健室登校をめぐる悩みは、多忙感、連携の難しさ、対応上の悩みという三側面があると指摘し、保健室登校はスクールカウンセラー配置校の方がより多く出現しているものの、養護教諭の対応上の悩みは小さく、かつ養護教諭自身の相談活動に対する満足度は高いとしている。

これらのことからも養護教諭が諸問題に対応していくには、連携の相手、すなわちネットワークの構築が重要であることが示唆される。

第2節　支援体制のありかたと支援体制の構築に必要な要因

(1)　連絡・連携・協働の必要性

保健室から学級へつなぐには、「連絡」「連携」「協働」が大事であるが、それはどのようなことを意味しているのであろうか。

『広辞苑（第六版）』によると「連絡」とは、「相手に通報すること。相互に意思を通じ合うこと」とされ、「連携」とは「同じ目的を持つ者が互いに連絡を取り、協力し合って物事を行うこと」そして、「協働」は「協力して働くこと」である。さらに飯田（二〇〇六）は、協働とは「異なる職種、分野、立場の人々が、共通の目標を達成するために、対等な立場で対話しながら、責任を共有し、資源を活用して、共に新たなものを生成していくような協力行為である」と述べている。さらに松永・大谷・斉藤ら（二〇一二）は、連携には連絡が、協働には対話がキーワードになっていると指摘している。また、対話は「向かいあって話すこと、相対して話すこと、二人の人が言葉を交わすこと」であり、連絡カードや電話での話は連絡であり、それに対し、実際に顔を合わせて互いに自らの言葉で話すことが対話であるとしている。対話について森田・木幡・清水（二〇〇六）は、「協働という専門家同士の対話は、連携がかなり進んだ段階ではじめて実務者の対話が可能となるものである」とし、松永・大谷・斉藤ら（二〇一二）は、協働について担任、養護教諭等の主体が連絡し合う段階は連携とし、連携が進んでいくと、主体者は互いに対話を重ね、そのような行為のなかで、互いに共通の目的に向かっていくことが協働している段階にあるとしている。また、松永ら（二〇一三）は、連携の始まりは普段のおしゃべりや日常の雑談であり、そこから互いの信頼関係が構築され、同じ支援の目標を確認し合うことで、連携から協働に向かって進んでいくと述べている。

以上のことから、連携の始まりは日常の雑談や信頼関係であり、互いが何に困っているのかを対話し、支援について共通の目的をもつ、それを見出すことが協働への第一歩であり、学級へつなげる道となるであろう。

（２）コミュニティ支援チームの協力体制の必要性

長期にわたる事例や難解な事例では、チームによる支援体制を構築しようとしても、学校内の資源の協力投入だけでは機能しない場合がある。その場合、普段から雑談などでコミュニティにおける専門的な資源（スクールカウンセラー、地域相談員、校医、保健師、医療機関など）と関わりをもち、必要に応じて協力が依頼できる環境整備を図っておくことが必要である。そして学校内では、生徒指導年間計画や教育相談年間計画のなかに、コミュニティ支援チームがいつでも活動できるよう協力体制を構築しておくことが重要である。

(3) 直接的支援チームと間接的支援チームの構築

長期にわたる支援が必要な場合、まずは子どもに直接関わる直接的支援チームが必要である。そして次に直接的支援チームを支える間接的支援チーム体制が重要になってくる。短期の支援ならば直接的支援のみで対応ができることも、長期にわたる支援では間接的支援チームの存在が必要とされるであろう。また、学校内でこれらのチーム構築への理解を得るには、管理職をはじめとして生徒指導主任や教育相談主任などがコーディネイト力を発揮することが必要不可欠である。こうして、先に述べたコミュニティ支援チームと絡めた直接的支援チーム、間接的支援チーム体制の構築が必要である。

これを表したものが図８－１である。

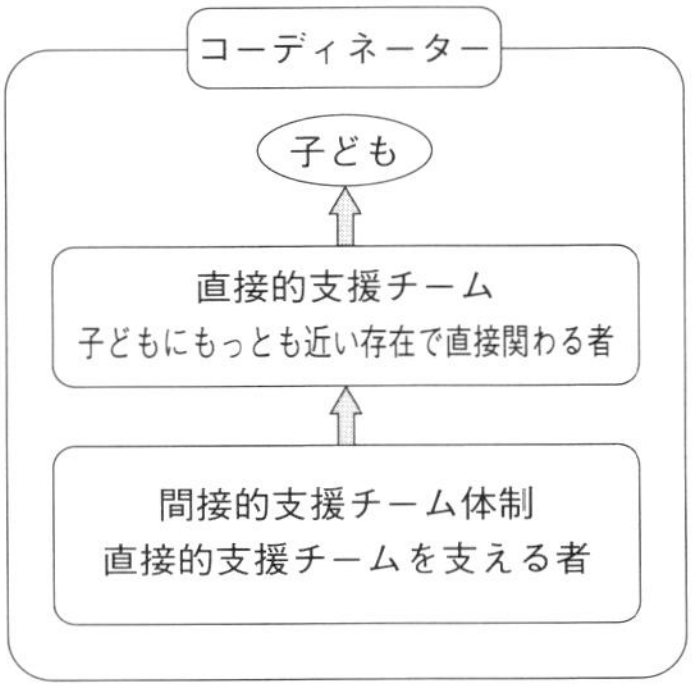

図８－１　支援チームの構図
（出原，2002を改変）

第３節　保健室登校から校内外の支援体制を構築していった実践事例

保健室登校とは「特定の授業には出席できても、学校にいる間は主として保健室にいる状態をいう」と定義されている（日本学校保健会 二〇〇八、一三頁）が、校内の支援体制が十分に機能していないX小学校で、保健室登校の子どもを養護教諭が一人で抱え込むことなく、少しずつ支援体制を構築していった実践事例を通して、ネットワークの構築について考えてみたい。

(1) 初期の様子

小学校六年生のA男が保健室登校となったのは四月末のことであった。

これまでA男は三年生のときから不適応気味で欠席も多く、保健室登校に近いことも何度かあった。養護教諭は、四月に他市から転勤してきたばかりで日々健康診断の実施に追われていた。そんな矢先に、A男の保健室登校が始まったのである。これまで養護教諭は保健室登校に対する経験も豊富で自信もあったが、A男が保健室へ来るようになって一週間でその自信もあえなく消え去ることになった。養護教諭がA男の話を、「ウン、ウン」と黙って聞いているときには何事もなかったが、健康診断等の準備で忙しく、A男の話を聞いてばかり、いるわけにはいかなくなったときそれは起こった。A男は養護教諭が自分の方を向いていないと感じると怒りをあらわにし、攻撃的になり、物を投げるなどの行動に出たのである。また、A男はだれともあいさつをかわさず、友人もいないことや、A男と関係がもてているのは担任と教育センターのカウンセラーであることがわかってきた。A男は教育センターのカウンセラーの所へ毎週のように行って一日を過ごしていたのである。

養護教諭はこのままの状態ではA男の支援を自分一人で続けることは困難であり、協力者が必要だと判断し、生徒指導部会で校内での支援を求めた。しかし、現実には担任以外は教務主任および他学年職員の二人が、一時間程度保健室へ来て対応するという支援があったのみで、A男への継続的支援は得られなかった。その理由は小学校は学級担任制であり、管理職以外はクラスがあって、学級を離れることができないことがもっとも大きなものであった。

(2) 中期前半の様子

養護教諭は校内での援助が得られないことがわかったので、校外に支援者を求めようと考えた。養護教諭がこの考えに至ったのは、前任校では保健室登校生徒の支援は、養護教諭と地域で活動しているボランティアのカウンセラーと、相談員の三人を中心とするチームで取り組み、さらにこの三人を支えるチームが、生徒指導主任を中心に他の職員が空き時間に交代で子どもたちと関わるという直接的支援と間接的支援の二重のサポート体制が校内に構築できていたという経験があったからである（出原　二〇〇二）。

この前任校での学びから、まず地域で活動していて前任校でチームを組んだ地域カウンセラーに内諾を得たうえで、養護教諭から校長に事例検討会を開くことを申し入れた。教育相談主任にコーディネーターとしての協力を得、校長、教頭、教務、担任、教育相談主任（六年職員）、六年学年職員、養護教諭の七名で第一回校内事例検討会を開催した。この事例検討会で、いつ、だれが、どのように対応するか支援の役割分担がなされ、学校外から地域カウンセラーにボランティアの立場で週一回来校依頼することが決定された。地域カウンセラーについてはその直後から協力が得られたが、事例検討会で決めた決定事項（援助の場を保健室だけでなく、相談室、会議室、職員室も利用する。水曜日は職員室で六年職員と生徒指導主任および教頭が音楽の空き時間を利用し対応する。養護教諭の都合がつかないときは校長室、職員室で校長、教頭、教務主任が対応する）は、A男自身が拒んだこともあってほとんど実行されることはなかった。そのため、養護教諭はさらに地域に協力を求め、前任校でチームを組んだ相談員にも週一回ボランティア支援の協力を求め、校内の承認も得ることができた。

第二回目の事例検討会には、地域カウンセラーと相談員も出席し意見を交わした。その後は、直接A男と関わる者同士、つまり教育センターのカウンセラーも含めた地域カウンセラーと相談員、養護教諭の四人がともに支援方針について話し合うことができ、互いに支援者として意見を出し合い、方針を話し合って、力づけ、勇気づけることになった。また、その四人の支援の様子が伝わったのか、校内での支援体制の意識も徐々に高まっていった。A男は校外学習や修学旅行にも参加し、母との面接も、担任、養護教諭、地域カウンセラー、相談員の四人が一緒に実施した。

(3) 中期後半の様子

九月、地域カウンセラーがA男から強い攻撃を受けたが、地域カウンセラーは養護教諭が精神的にゆとりができてきたので、目的の一つは達成されたとして身を引くことになった。その後A男は落ち着きをみせ、養護教諭の手伝いを進んでおこない、あいさつもできるようになった。相談員とは密着した関係を求め、独占したがった。これまでA男は養

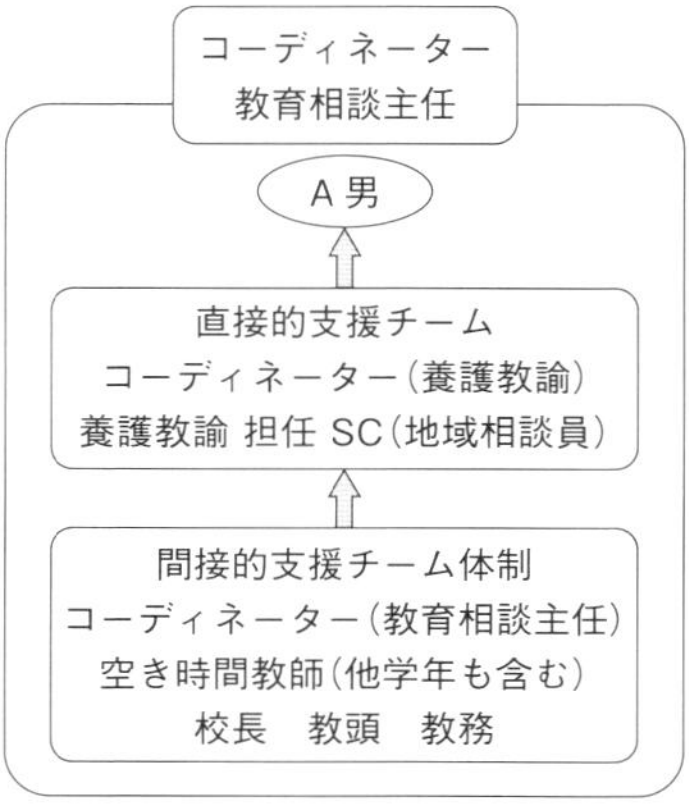

図８－２　最終的にできた支援体制

護教諭、地域カウンセラー、相談員など、話をもっとも聞いてくれる者に対して攻撃性をみせた。しかし、担任が空き時間に算数や国語を教えに来たときは素直に受け入れ、態度を変えることなく学習を進めることができ、このことは卒業するまで変わらなかった。

(4) 後期の様子

三学期、A男は次に相談員と自分は性格的に合わないと言い出し、相談員に対して執拗かつ攻撃的な態度を見せ、相談員はやめることになった。A男と一人保健室で向き合わねばならなくなった養護教諭は以前、校外の事例研修会でA男との関係は距離をおくようにとアドバイスを得ていたが、常に保健室にいるA男と距離をおくにはどのようにすればよいかわからないでいた。しかし、距離をおくとは、同じ保健室内でいても養護教諭とA男の二者関係から、もう一人だれかが入った三者関係にするとよいのではないかと考えた。そこで生徒指導部会において、各クラスの音楽の授業は音楽専科出身の教員が担当しているので、その間は担任が保健室で学級事務などの作業をおこない、保健室内がA男とおとな二人、つまり三人になるよう協力を要請した。会議では教育相談主任が、重要だと思われる職員にあらかじめ理解を得ておくなどの後押しもあり、スムーズにこの提案が受け入れられた。それから保健室には、養護教諭以外のおとながもう一人在室しているという三者関係の時間が多くなり、それと同時にA男は安定を見せ、やがて卒業した。

図８－２は最終的にできた校内支援体制である。

第４節　事例を通して支援のネットワークを顧みる

この事例では当初、校内の支援体制は決して十分ではなかった。他市から転勤して来たばかりの養護教諭にとって、A男のように攻撃性があり、独占欲の強い児童を保健室登校として受け入れたことは、苦しい立場に立たされたといえよう。しかし、そのようななかで支援の輪を求めるうちに、多くの人の協力を得ることができ、支援を継続し、A男を情緒的に安定させることができた事例である。

この事例をふり返ってみると支援体制の構築の要因として次のことがあげられる。

（1）支援体制の構築

①直接的支援チームの確立─養護教諭がもつネットワークの活用─

支援の初期段階では、A男の支援には担任が三十分程度学習に関する対応をして、その他は教育センターのカウンセラーの所へ週一回、一日行く以外は養護教諭がほとんどの時間一人で対応をしていた。しかし、A男の状況からこのままの状態で対応を続けるには無理だと判断し、支援を校内に求めた。校内には直接的支援者がいないことがわかると、養護教諭はこれまでの自分がもっているネットワークを活用し、地域の人材を求めて、前任校でともに支援活動に関わって協力を得ていた地域カウンセラーや相談員に協力を依頼した。この二人の承諾を得てA男に対し直接的支援者が複数になったことで力を得ることができ、その後も対応を続けることができたのである。

養護教諭が直接の支援者を求め、地域への働きかけや事例検討会の要請をおこなうことはネットワークの基本形であり、出発点であり、まずは子どもに直接的に関わる者を探し、支援のネットワークの基本をつくることが先決である。ここでの直接的支援チームの構築についてのコーディネートは、養護教諭がおこなったといえよう。

②間接的支援体制の確立

長期にわたる支援を必要とする事例の場合は、今回の事例からもわかるように直接的支援者が疲弊しないような間接的支援体制が大きな役割を担っている。Ａ男には関わらなくても音楽の空き時間に保健室で学級事務をするという具体的支援策である。この行動が二者関係を三者関係にしてＡ男の安定が図られていったのである。この間接的支援体制の効果や役割について、校内職員はもっと自覚していく必要がある。

（2）コーディネーターの役割―教育相談主任の活躍―

支援体制を整え、保健室登校を支えていくには、事例全体をみるコーディネーターが必要である。この事例では、教育相談主任が職員の協力が得られるよう、事前にキーマンとなる職員（校長・教頭・担任・学年職員）に共通の理解を得ておいたことが、事例検討会をスムーズに進める大きな要因となっている。共通の理解とは事例検討会の開催や、Ａ男の安定を図り、養護教諭を支援するため音楽の空き時間に保健室へ行き、そこで学級事務をするということである。また、会議の場では言えないようなことも一人ひとりに話して協力を求めたことで、より理解が深まったと考えられる。また、教育相談主任は初期の段階で事例検討会を開催した際も、コーディネーターとして全体をまとめる役割を果たし、その後の間接的支援体制をつくるうえで特に大きな成果を発揮している。

（3）学級担任の役割―心の安定と学力支援―

養護教諭や地域カウンセラー等に対して攻撃的な態度をみせたＡ男であったが、担任とはスムーズな関係が続いている。それはなぜであろうか。

担任はＡ男に対し指示的に関わり、Ａ男の内面に深く入ることをせず、Ａ男の心の枠をはずすことをしなかったことが安定につながったのではないだろうか。これは、事例の後期に養護教諭が二者関係から三者関係にもっていったことで安定したことと同じといえよう。

また、六年生のほとんどの時間を保健室で過ごしたA男にとって、学力の問題は大きかった。そこで大きな力を発揮したのが学級担任である。担任は毎日空き時間を利用して、長いときは四十分、空き時間がないときは十分程度保健室へ来て、A男の学習面を補い、A男は素直に担任のいうことは受け入れ学習をした。授業を受けることができない子どもにとって学力の低下はさらに学級から子どもを遠ざけることになり、不登校の二次的な要因となる。学力面での担任の役割は大きいといえよう。

(4)ボランティア(地域カウンセラーと相談員)の役割

養護教諭からの依頼を受け、ボランティアで協力した地域カウンセラーと相談員の二人がそれぞれ週一回来校し、A男との関わりをもったが、この二人の役割はどのようなものであっただろうか。

①養護教諭を支援する役割

攻撃性、独占欲の強いA男を二人のボランティアが週二日面倒をみてくれたことは、養護教諭に心理的にも時間的にもゆとりをもたせてくれた。そして養護教諭にとって、だれよりも心強い存在となったのである。伊藤(二〇〇三)が、スクールカウンセラーの存在が対応上の悩みを小さくし、養護教諭自身の相談活動に対する満足感を上げているとしたが、まさにここでも同じことがいえるであろう。協働できる者がいることがどれだけ支援者の心を強くしたであろうか。チームでの対応は、困難な事例ほど有効であることがわかる。

②専門家が関わることで学級へつなぐ道を開く

ボランティアという立場ではあるが、地域カウンセラーや相談員は心の問題に対処する専門家である。その二人が関わることで他学年教師までもが協力していこうという気持ちにつながったと考えられ、そして他学年教師が入ることで、A男が安定し、やがて学級へつながっていったのである。

（5）まとめ

本章では保健室登校の事例を通して、ネットワークおよび支援体制の構築の重要性を検討した。支援体制の構築にあたっては日頃からのコミュニティが重要であり、信頼関係をここで築いておくことが大事である。また、問題解決には同じ目的に向かっていくことで協働がより深まっていく。そして支援体制を整えるにはコーディネーターの存在が必要で、コーディネーターは、子どもと直接関わる直接的支援と直接的支援を支える間接的支援の二重構造の支援体制になっていることを理解しておくことが重要である。

長期にわたる支援では、それぞれの役割をしっかりと踏まえる必要があり、また校内の資源のみでなく、校外の資源を活用することで支援体制をより充実させ、問題解決の活性化につながり、保健室から学級へつなげることができるであろう。

引用文献

出原嘉代子「保健室登校における養護教諭の役割と支援システムに関する研究　保健室登校生徒と担任への面接調査及び行動記録の分析を通して」千葉大学大学院教育学研究科修士論文（未公刊）、二〇〇二。

飯田澄美子「コラボレーション（協働）」『学校健康相談研究』三、二〇〇六、一頁。

伊藤美奈子「保健室登校の実態把握ならびに養護教諭の悩みと意識　スクールカウンセラーとの協働に注目して」『教育心理学研究』五一、二〇〇三、二五一―二六〇頁。

日本学校保健会「平成十八年度調査結果　保健室利用状況に関する調査報告書」二〇〇八。

日本学校保健会「平成二十三年度調査結果　保健室利用状況に関する調査報告書」二〇一三。

松永恵・大谷尚子・中川裕子・秋山緑他「第11回ワークショップ報告　学級担任とのよりよい協働を考える」『学校健康相談研究』一〇、二〇一三、一〇一―一〇九頁。

松永恵・大谷尚子・斉藤ふくみ他「第10回ワークショップの報告　事例検討を通して「保護者との協働」を考える」『学校健康相談研究』九、二〇一二、六五―七五頁。

文部科学省「生涯にわたる心身の健康の保持増進のための今後の健康に関する教育及びスポーツの振興の在り方について（保健体育審議会　答申）」一九九七。

森田光子・木幡美奈子・清水花子「健康相談活動における連携・協働に関する研究の動向」『学校健康相談研究』三、二〇〇六、一―一〇頁。

第９章

高校生の生徒保健委員会活動から学級につなぐ

第１節　高校生の抱える問題とそれへの対策――地域ボランティア活動プログラムの導入の試み――

(1)　はじめに

内閣府の青少年白書（二〇〇九）によると、「青少年の自立をめぐる問題の背景として、不登校や高等学校中途退学等、学校段階でのつまずきなど様々な問題が複合的に存在している」（五八頁）ことが指摘されている。

高橋（二〇〇九）は、「高校生に当たる青年期は、自己の内面が深まり、形式的思考の現れにより思考の質の変化も大きく、社会や大人との関わりも飛躍的に増える時期であり、高校における総合学習は、生徒の発達支援としての機能を担っていると考えられる」（一六九頁）と提言している。

筆者は、高校の養護教諭として生徒一人ひとりと日々向かい合うなかで、人間関係をうまく築くことができない生徒や自分の意思で自己決定することが苦手な生徒、将来に対するプランが描けない生徒が増えていると実感している。こうした生徒の問題は、発達課題の一つでもあり、彼らは学校不適応に移行しがちであるといえる。

（2）生徒保健委員会に地域ボランティア活動を導入した経緯

こうした生徒の発達課題や心の健康問題を支援し予防するために何かできることはないかと思案し、学校の近くの医療機関や福祉施設で、高校生の生徒保健委員会活動として地域ボランティア活動プログラムを導入した。

このボランティア活動体験は、高校生が地域に出て行き、そこで交流をおこなう地域交流活動である。自己形成期にある生徒たちにとって良い経験となり、彼らのより良い成長につながると考えられる。

生徒保健委員会の二人の顧問教員（以下、顧問と記す）に保健委員会活動の一環として学校の近くの施設でのボランティア活動を取り入れることについて相談をした。顧問との話し合いでは、初めは通常の生徒保健委員会活動に新たな活動を取り入れることは、参加生徒や彼ら自身の負担が増えることを懸念していた。しかし、話し合いを重ねていくと、顧問たちも、学校の近くの施設でボランティア活動をおこなうことは生徒たちにとって貴重な体験になるとの結論に達した。話し合いの結果、保健委員の有志を募り施設でのボランティア活動を始めることにした。顧問たちと施設でのボランティア活動の趣旨や内容をまとめ、管理職に説明し、内容をさらに詰めた。その後、職員会議にその旨報告し、了承を得た。

保健委員たちに学校の近くの施設でのボランティア活動をおこなうことを説明すると、生徒たちからは「以前からその施設は登下校のときに気になっていました。訪問するのを楽しみにしています」という声が多くあがった。

この施設でのボランティア活動に参加した保健委員たちが学級へ戻り、級友たちに交流した体験を伝えることから、級友たちにも良い影響を与えると考えられた。そのような取り組みが展開することで、生徒保健委員会活動は学級の生徒たちや学級の変容にもつながることが期待された。

第２節　生徒保健委員会活動に取り入れた地域ボランティア活動プログラム

（１）生徒保健委員会活動

生徒保健委員会活動は、「特別活動」の「生徒会活動」に位置づけられている教育活動である。高等学校学習指導要領（二〇〇九）の特別活動の目標は、「望ましい集団活動を通して、心身の調和のとれた発達と個性の伸長を図り、集団や社会の一員としてよりよい生活や人間関係を築こうとする自主的、実践的な態度を育てるとともに、人間としての在り方、生き方についての自覚を深め、自己を生かす態度を養う」（三五三頁）と示されている。このことを踏まえ、生徒保健委員会活動に地域ボランティア活動を取り入れることによって、生徒たちはこの目標をより現実性をもって具体的に体験できると考えられる。

（２）地域ボランティア活動プログラムを導入した三つの高校

関東のある県の県立高校A校、B校、C校の三校で、生徒保健委員会活動として地域ボランティア活動プログラムが試みられた。A校では二〇〇一年から二〇〇五年まで近隣のD病院の小児病棟で、B校では二〇〇六年から二〇一〇年まで介護老人保健施設で、C校では二〇一一年から現在まで保育所でのボランティア活動を継続している。A校、B校では、現在でも、それぞれの学校の特色ある活動として位置づけられている。

ここでは、A校における実践事例を紹介し、高校生のボランティア活動という地域交流活動への参加が地域にどのように受け入られ、それはまた生徒自身へどう影響を及ぼしているのかについて言及したい。

（3）A校の概要

A校は、共学・普通科の公立高校である。学年は一年から三年、学級は各学年八学級ずつ、一学級の生徒数は約四十名、生徒総数は千名弱である。進路状況は、大学・短大進学が約四割、専門学校進学は三割、就職が一割強、他は浪人やフリーター等の進路未定者である。

年々、志願者が減少するなかで、入学してくる生徒たちには、学力の低下、生徒指導上の問題、将来に目標をもつことができないなどの問題を抱える生徒が目立ってきた。

（4）地域ボランティア活動プログラムの特徴

高校生は勉強や部活動、塾やアルバイトなどに時間を費やすことが多く、生活している地域社会への関心をもつ機会が少ない。しかし、地域ボランティア活動プログラムは高校生が通学する地域社会への関心を広げ、理解するとともに、そこに生活する多様な人々とふれあうことを通して奉仕への機会をつくり、視野を広げることができる。

地域ボランティア活動の訪問先を選ぶ留意点として、学校から歩いて訪問できること、生徒たちが登下校時などに意識できる場所にある施設が望ましいとした。その理由は、訪問施設が学校のある地域・通学する地域にあることで、訪問先でのボランティア活動体験について、日常的な学校生活においても関心を持続し、深めることができるからである。

稲葉（二〇一一）は、「社会関係資本の醸成には大学教育よりもむしろ高校までの教育が重要である」と指摘している（一七六頁）。社会関係資本とは、「人々の間の協調的な行動を促す「信頼」「互酬の規範」「ネットワーク（絆）」を日本語で社会関係資本と呼んでいる」（ⅰ頁）。このことを重要な拠所とすれば、現在の高校生には高校での教育とともに地域ボランティア活動等を通じて、彼らが住んでいる地域に加え、通学する地域の公共機関（例えば、病院、福祉施設、幼稚園・保育園など）も視野に入れた世代を越えた人々との交流活動が望まれるのである。また、金子（一九九二）は、「ボランティアは、新しいつながりをつけていくための一つの具体的で実際的な方法を提示するものである」（七頁）、

「ボランティアとは、切実さをもって問題にかかわり、つながりをつけようと自ら動くことによって新しい価値を発見する人である」（七頁）と述べている。このことから、高校生の地域ボランティア活動プログラムは多くの学習をもたらすといえよう。

地域ボランティア活動プログラムを始めるにあたり、管理職や関係職員との話し合いから高校生の地域ボランティア活動プログラムの目的を次の四つとした。

①生徒に学業以外の具体的な社会的活動の場を提供すること
②学校を離れ、地域の一員として自ら考え行動する態度を育てること
③さまざまな立場の人々とのふれあいや出会いから豊かな人間性を育成すること
④将来の進路や職業選択のために自己を生かす態度を養うこと

第３節　Ａ校の交流事例――医学部付属病院小児病棟でのボランティア活動――

(1) 事前準備

生徒保健委員会は、各学年八学級ずつ、一学級から二名（男女一名）ずつが集まりつくられる組織である。生徒保健委員会は、健康診断の補助、手洗い場の石鹼の補充、体育祭、文化祭、修学旅行の行事では保健係としての役割を担っている。また夏休みの前には、救命講習会も企画した。こうした年間の生徒保健委員会活動に小児病棟でのボランティア活動を取り入れたのである。

養護教諭は、まず、生徒保健委員会の委員長と連絡を取り、小児病棟でのボランティア活動をどのように進めたらよいか話し合った。そして、生徒保健委員会を開き、保健委員の意見を聞いた。委員長は、小児病棟でのボランティア活動について説明した。養護教諭は、小児病棟の子どもたちについて説明を加えた。子どもたちは血液・腫瘍性疾患、循

環器疾患などの病気の治療のため長期の入院や手術をしなくてはならないこと、母親から離れ一人で病気と闘っていることを伝えた。この事前指導は小児病棟の子どもたちへのイメージづくりに役立った。

交流は病棟行事に合わせ、「七夕」「夏祭り」「クリスマス会」の年三回、訪問することとした。季節ごとの病棟行事は、長く辛い入院生活のなかで母親との分離不安の緩和を図り、安寧を得させる目的があった。

委員長は、「小児病棟でのボランティア活動でどんなことをしたいですか」と質問し、保健委員たちは、「病気と闘っている子どもたちに喜んでもらいたい」などと意見交換した。そして、七夕飾りや子ども用のうちわ、クリスマスカードを手づくりする案が出され、採用された。

保健委員は必ずしも保健委員を希望して選出されているわけではなかった。なかには、学級推薦で仕方なく保健委員になった生徒もいた。そのため、小児病棟でのボランティア活動は、最初の計画通りに、生徒保健委員会の有志により始めることになった。

「七夕」「夏祭り」「クリスマス会」の準備は希望するグループごとに自主的に集まり、訪問日に合わせて計画的に作業をおこなった。委員長は三つのグループの代表生徒とそれぞれ連絡を取り、養護教諭とは必要に応じて話し合った。準備は「七夕」には笹飾りを折り紙でつくり、「夏祭り」には画用紙と割りばしで子ども用のうちわをつくり、「クリスマス会」ではオリジナルのクリスマスカードをつくるといった具合である。

作業を始めたころは、「何をすればよいかわからない」と戸惑っている生徒の姿がみられた。しかし、折り紙の折り方を教え合うなどの作業を通して、病気と闘っている子どもたちに喜んでもらいたいという想いが同じ目標となり、保健委員たちの仲間意識が形成された。そして、仲間同士が助け合いながら準備は進んでいった。

学年や学級を超えて新しく出会った保健委員の仲間と話し合う機会は、生徒たちにとって貴重な経験となった。いつもの身近な仲間との学級活動や部活動とは違う、少し距離のある他の生徒たちとの協力やコミュニケーション、人間関係づくりを学ぶ場になったようだ。

（2）小児病棟訪問当日

訪問日には病棟に入れる人数は制限されていた[1]。そのため、準備に参加した保健委員の生徒たちのなかから、当日は十名程度の生徒が代表で訪問した。小児病棟を訪問するメンバーは保健委員の生徒たち同士が話し合って決めた。第一回目の「七夕」の訪問日には、学校とは異なる病院を訪問するだけでも緊張している様子がうかがえた。小児病棟の病気と闘う患児と会ったばかりのときには、ぎこちなく、あいさつをするのがやっとだった。「七夕」には、笹を病棟に運んで患児と一緒に飾りをつけ、「七夕」の歌を歌った。同じ時間を過ごすなかで少しずつ生徒と患児たちの緊張もとけていった。

第二回目の訪問日の「夏祭り」には、子どもたちが喜びそうなキャラクターや折り紙など趣向を凝らした子ども用のうちわを手渡した。第三回目の訪問日の「クリスマス会」には、保健委員たちはサンタクロースの帽子をかぶり、クリスマスの雰囲気を盛り上げた。患児と一緒に歌を歌い、患児一人ひとりにクリスマスカードをプレゼントした。カードには「はやく、びょうきがなおりますように」などのお見舞いのメッセージを添えた。訪問を重ねていくなかで、生徒たちは自然と膝を折って患児の目をみながらやさしい言葉をかけることや、小さな身体を気遣い、そっと手を差し伸べるなどといったいたわりの行動がみられた。これまでに接したことがない患児たちとの交流を通して、患児らへの接し方について自ら考え、行動を工夫することができるようになった。相手を思いやる心が自ずと育まれた。学校を離れ、患児や医療スタッフ、患児の家族など初めて出会った人たちとの会話や関わりを通して社会に触れたのであった。

（3）小児病棟でのボランティア活動終了後の反省会

小児病棟から学校への帰り道、参加した一人の女子生徒は患児との交流について次のように話した。患児が近寄ってきて、やさしく手を握り「今日は病院に来てくれてうれしかった」「ありがとう」といってくれた。これはいままでに経験したことのない感動であったと涙ながら養護教諭に報告した。学校へ戻り、病院を訪問できなかった保健委員たちと一緒に次回の訪問に向けて反省会を開いた。反省会では、訪問できなかった保健委員は、訪問した保健委員から小児病棟での患児たちの様子やスタッフの様子などを熱心に聞いていた。そして、「手づくりのお土産は喜んでもらえただろうか」「患児にもっと喜んでもらえるように歌などの余興を増やした方がいいだろうか」などと活発に意見が出された。生徒の感想は、「少し緊張したけれど今までにない楽しさを味わった」「患児を励まそうと思い参加したが、逆に入院している子どもから元気をもらった」「看護師さんの働く姿に直接ふれ、看護師の仕事に興味をもった」、また、訪問できなかった保健委員からは「部活動のやりくりが大変だったが、友だちに助けてもらいながらなんとか協力できた。入院している子どもたちに喜んでもらえたことを聞いてうれしい」などの声が聞かれた。

金子（一九九二）は、「ボランティアを続けることだけが大事なことではないと思う。（略）心の揺れを経験することも大事なことであると思う。（略）必ずや、彼らのなかに存在し続け、いつか、機会が訪れたときに、思い出され、次の行動に結びつくことであろう」（七二頁）と述べている。生徒の活動に取り組む様子や感想から、小児病棟でのボランティア活動に参加した生徒、病棟を訪問できなかった生徒たち一人ひとりは、確かな心の揺れを経験したことがうかがえた。

（4）地域の声・新聞記事と看護師長からのお礼の手紙

毎年継続しておこなっている小児病棟でのボランティア活動は、少しずつ地域の人々に知られるようになり、地元の新聞にも数回にわたって紹介された。小児病棟でのボランティア活動が終わると、小児病棟の師長さんからはお礼の手紙が届いた。新聞記事や小児病棟の師長さんが高校生の地域ボランティア活動をどのようにみているか紹介する。

①「小児病棟に七夕飾りを贈る」（平成一七年七月八日）という見出しで掲載された記事

病棟訪問は交流を通して子どもたちを励ますとともに、相手を思いやる心を育てようと二〇〇一年度にスタート。七夕、夏祭り、クリスマスなど病棟行事に合わせて実施している。今回は、保健委員会の呼びかけに二五人が、飾りづくりなど事前の活動に参加。代表七人が一・六メートルの竹ザサ二本を病棟に持参し、子どもたちと一緒に用意していた手作り飾りや、短冊に願いごとを書いて取り付けた。

「子どもが好きなので、何か役に立てればと思って参加した」という三年の女子生徒千葉恵子さん（仮名）は「七夕」の歌を一緒に歌った。「喜んでもらえて、うれしかった」と話していた。今月末には夏祭りに向け、生徒手作りの「子ども用うちわ」三十本を届ける他、十二月はオリジナルのクリスマスカードを贈る。

この記事が掲載されると、読者の方々からの手紙が寄せられた。ある読者からの手紙には「若者にはより多くの体験をしてもらう機会をつくり、高校生の将来への選択肢を増やしてあげるには、まわりの大人がほんの少しずつ努力してそうした場をつくってあげることが大事です。私も、少なからずそんな思いでボランティアをしています」と書かれていた。

②小児病棟看護師長からのお礼の手紙

Ａ校保健委員会の皆様へ

まだまだ暑い日が続いておりますがお元気でお過ごしのことと存じます。さて、お礼が遅くなりましたが、小児病棟の夏祭りには、とてもかわいくてそして素敵なうちわをたくさんプレゼントしていただきありがとうございました。子どもたちは大喜びでうちわを手にしていました。ありがとうございました。これからまた、秋の行事、冬のクリスマス会など、病気と闘っている子どもたちに楽しい遊びを計画します。その時にはまた、ご協力よろしくお願いいします。お礼まで。

小児病棟の師長からは、感謝の声とともに患児の喜ぶ姿が生徒たちへ伝えられた。こうして、小児病棟ボランティア活動は地域住民や病院からの関心が高まっていった。参加した生徒たちには、教職員以外の大人の声を受け取ることで、自分たちが「必要とされていること」「役に立っていること」をあらためて意識することができ、次の活動への意欲につながったと思われる。

第４節　Ａ校の特色ある教育活動への展開

Ａ校の小児病棟でのボランティア活動は、活動がスタートしてから十年以上継続している（表９－１）。二〇〇一年から二〇〇五年までは生徒保健委員会活動として実施され、参加生徒は三十名程度であった。二〇〇六年には養護教諭の転勤に伴い活動の継続が危ぶまれた。校内での協議の結果、総合的な学習として位置づけられ継続された。病院側からの要請によりこの年から病院ロビーや七ヵ所の各病棟へと訪問が増えた。二〇〇九年にはボランティア委員会が設置され、現在まで継続されている。現在の「七夕」は、病院ロビーと十ヵ所以上の各病棟に笹飾りを届ける大規模な活動となっている。「七夕」の訪問日が近づくと、事前準備のためにボランティア委員会が中心となり、各学級に折り紙などをもちかえり、笹飾りやお見舞いのメッセージの短冊づくりが各学級で自主的におこなわれている。「クリスマス会」には、地域のボランティアの人々の指導を受けた「人形劇」や「大きな紙芝居」を披露した。現在は、「七夕」「クリスマス会」の年二回、百名を超える生徒たちが参加しているという。参加した生徒たちは、医療スタッフの生き生きと働く姿に直接触れることから、早い段階に将来の目標を意識するようになったようだ。

一方、この活動をきっかけに奉仕や福祉活動が盛んになり、二〇〇六年から二〇〇七年までは、文部科学省の豊かな心の育成事業の研究指定校となり、二〇〇七年から二〇〇九年は、県の社会福祉協議会より福祉教育推進校にも選ばれた。そして、二〇一七年には、普通科のＡ校に福祉コースの設置が予定されている。

蘭・高橋（二〇一二）によれば、「体験から成就感や有用感が形成されていくことは、さらに次の活動を生む大きな原動力となり、醸成された活動が次のネットワークを生むという連鎖を繰り返し、いわゆるオートポイエーティックなシステムを作っていく」と指摘されている（三六〇頁）。

十年以上も継続しているＡ校の保健委員会活動に取り入れた小児病棟でのボランティア活動は、オートポイエーティックなシステムを産出していくことで繰り返され、文部科学省や県の社会福祉協議会にも認められ、福祉人材の支援という明確な目的をもった教育活動へと発展していることがみて取れる。

第５節　まとめ

本章では、Ａ校の保健委員会活動に小児病棟でのボランティア活動を取り入れた実践事例を紹介した。これらの報告から高校生の地域交流活動への参加が生徒自身に及ぼした影響は二つあるといえる。

一つは、学級の級友たちとは別の新しいネットワーク形成である。生徒は学級から出て保健委員会活動に参加し、そして、小児病棟ボランティア活動に参加することによって、日ごろ出会うことのない患児や医療スタッフなどさまざまな年齢層の人々の考え方や生き方に直接触れた。これは、保健委員たちが多くの人々の喜びを自分自身の喜びとして感じることや命の尊さなど多くのことを学ぶ機会となった。

小児病棟でのボランティア活動を終えた保健委員たちは、学級へ戻り、級友たちに小児病棟での体験を話し伝えていくなかで、級友たちのなかからも小児病棟でのボランティア活動に興味をもつ生徒が増えていった。そして、保健委員の高揚感は彼らの原動力となり、自発的に次回の小児病棟でのボランティア活動参加募集を呼びかける広報活動へと広がった。プリントをつくり、各学級に掲示している保健委員の姿に喜びを感じたのは私だけではなかっただろう。そうしていくなかで、級友たちのなかからも小児病棟でのボランティア活動に興味をもつ生徒が増えていった。数名の保健委員たちの感動と学びと主体的活動が、学級内の他の生徒たちの興味・関心にひとつの志向性を与え、学級内に学校生活目標と人間関係の構造変化をもたらしたと考えられる。学級の外に生徒たちのネットワークが広がることで、学級内

表9－1　A高校の特色ある教育活動への展開

2001	「保健委員会活動」として小児病棟ボランティアを開始。
2005	地元の新聞に掲載。
2006	「総合的な学習の時間」として病棟ボランティア継続，病院ロビーや訪問病棟が増える「豊かな心の育成事業」（文部科学省）として２年間研究指定校となる。
2007	「福祉教育推進校」（県社会福祉協議会）として３年間研究指定校となる地元新聞に掲載。
2009	「ボランティア委員会」として病棟ボランティア継続，病院ロビーや訪問病棟 10 ヵ所以上に増える。
2012	地元の新聞に掲載。
2014	「ボランティア委員会」として病棟ボランティア継続中。

のネットワーク構造にも変化が起きうることが示唆される。

こうして小児病棟でのボランティア活動の輪が校内へ広がっていったのである。そして、高校生の地域交流活動への参加は、地域と学校の相互理解を深め、社会的活動となった。

二つめは、生徒自身の自己成長である。冒頭にも述べたように、A校の生徒たちは、学校生活の枠のなかだけでは将来に目標をもつことが難しい状況にあった。しかし、小児病棟でのボランティア活動という社会的経験を通して、自分たちが社会から「必要とされていること」「役に立っていること」に気づかされ、人間としてのありかたや生き方をみつめ直すきっかけとなり、自分自身を再発見することができたといえる。

このことは教職員にも少しずつではあるが影響を及ぼすことになり、彼らの認識に変化がみられた。小児病棟でのボランティア活動の訪問日には、数名の教職員が病棟に足を運び、保健委員たちと一緒に患児とふれあう姿が見られた。

一方、小児病棟でのボランティア活動（準備を含めた活動）は放課後となるため、同じく放課後に活動する部活動の顧問など教職員の理解を求めることが難しい一面もある。

この章ではA校の実践事例を報告したが、他のB校、C校の実践を簡単に説明しておく。B校、C校ともに共学・普通科の公立高校である。B校は部活動の盛んな活気のある学校であり、一年生から三年生まで各学年八学級、生徒数は千名弱である。地域ボランティア活動プログラムとして老人介護保健施設の実践を取り入れ「七夕」「クリスマス会」に毎回の五十名程度の生徒が参加している。老人介護保健施設には参加生徒の制限がないため希望者はほとんど参加できる。そして、ボランティア活動を通して医療や福祉に関する進路を希望する生徒も多い。Ｃ校は県下でもトップクラスの進学校であり、生徒数は千名を超える。地域ボランティア活動プログラムとして保育所での実践を取り入れ、「七夕」には保育所からの希望もあり、参加者を募り二〇名程度の生徒が活動している。「クリスマス会」には参加生徒の制限がないため四十名を超える生徒が活動している。そして、年々参加を希望する生徒が増えている。

Ａ校、Ｂ校、Ｃ校の地域ボランティア活動プログラムへ参加する生徒たちは、みな自主的に生き生きと活動に取り組んでいる。

友定（二〇〇五）は、「思春期の課題である精神的自立の獲得には多くの壁があります。保健委員会という集団づくりのなかで、行きつ戻りつする発達課題をさぐりながら、〈はたらきかけ・はたらきかけ返す〉という営みをあきらめないで実践していくことが大切です」（一五一―一六頁）と述べている。このことから、高校生にとっての地域ボランティア活動プログラムは自己形成期の良い経験と好ましい成長を促し、思春期の課題である精神的自立の獲得に寄与したと考えられる。そして、高校生の目の前に迫る現実社会へ踏み出す準備をすることにもなったといえるだろう。

注

（1）看護学生の小児病棟ボランティア活動には、麻疹・水痘・風疹・流行性耳下腺炎の既往のあること、または予防接種が済んでいることが参加条件であった。この参加条件は高校生の小児病棟でのボランティア活動においても同様であった。また、活動日当日の健康観察や手の消毒も義務づけられていた。

引用文献

蘭　千壽・高橋知己「学級を変えるコミュニティの力」『千葉大学教育学部研究紀要』六〇、二〇一二、三五九頁―三六四頁。

稲葉陽二『ソーシャル・キャピタル入門』中央公論新社、二〇一一。

金子郁容『ボランティア　もうひとつの情報社会』岩波書店、一九九二。

内閣府『青少年白書』二〇〇九。

文部科学省『高等学校　学習指導要領』（平成二十一年三月告示抜粋）二〇〇九。

高橋亜希子「青年期の発達支援としての高校総合学習　認識・社会・自己の関わりに焦点を当てて」『北海道教育大学紀要（教育科学編）』五九、二〇〇九、一六九頁―一八二頁。

友定保博「今、なぜ、保健委員会活動なのか」徳本妙子・藤本恵子・玉谷幸子・竹野内さくら・石田法子『保健委員会は私の教室』社団法人農山漁村文化協会、二〇〇五、九―一八頁。

第10章 相談室登校の生徒を抱える担任と学級への支援
―学級経営に対するスクールカウンセラーの役割―

本章は、相談室登校の生徒を抱える学級担任（以下、担任と記す）が「相談室登校の生徒の受け入れは学級の問題」として学級経営の方針に位置づけ、それをスクールカウンセラー（以下、SCと記す）が援助・支援していく実践事例をまとめたものである。生徒の教室への復帰までのSCの役割について考える。

第1節　学級経営とスクールカウンセラーの役割

SCは心理の専門家として、生徒や保護者など個人を対象として関わることが一般的であるが、問題を抱える生徒が所属する学級を対象とすることもある。それらの学級に関わる場合は、コンサルテーションとして担任を介し援助していくことになる。最近は、生徒の問題が複雑、多様化していることで、学級を受けもつ担任への支援がSCの重要な役割になっている。

SCが担う担任支援のありかたについて伊藤（二〇一一）は「コンサルテーションでは教師自身の心の課題は扱わないし、教師の心理に配慮することはとても難しいが、教師自身の傷つきや混乱に深く関与したうえで、対応を考えるのもSCの務めと思われる」と述べている。SCが担任を心理的に支えることは、学校の組織全体に関わる連携やそれぞれの学級の生徒にも間接に支援することになる。SCは専門領域の他に、学校組織や学級経営に対する知識と実践が必要になる。

第2節　学級経営と集団不適応の生徒

(1) SCからみた教室に入れない生徒にとっての「学級」

毎年、四月から五月にかけては、生徒にとっては新学期が始まり、新しい人間関係の構築に神経質になる時期である。担任も、受けもつ生徒の情報を収集し、学級経営のスタートをきる。また、この時期に大切なものに、担任が提案する「学級目標」や「学級の方針」がある。「こんな学級にしたい。そのために、こういう生徒であって欲しい」という担任の願いを生徒たちが理解することが重要である。そのうえで「新しい学級」を形成するために、担任も生徒たちも力を合わせていくことが望まれる。

この時期に不登校の生徒が突然、登校できることは珍しくない。新学期を節目に登校する意欲をみせるが、しかしそのまま学校生活に復帰する生徒は多くない。また、進級しても登校できない生徒もいる。担任は、「○○さんと一緒だよ」などと安心材料をさがして、学級への関心を高めながら登校を促す。

ＳＣもこの時期は、心の問題を抱える生徒がどのように新学期を迎えているかを校内で探り、新しい学級での様子や登校の様子など情報収集にあたる。また、相談室登校の生徒に対しても、生徒の担任と協働しアセスメントをたてる。相談室登校の生徒たちは、その子どもに応じて行動パターンの違いはあるが、「いつか教室に行きたい」という期待をもって登校を続けている。

(2) SCからみた「教室に入れない生徒が入れる学級」とはどんな学級か

不登校の生徒や相談室登校の生徒と面接していると、彼らが挙げる言葉に「人の視線が気になる」がある。課題として「教室にいる他の生徒たちの視線」をどのように捉えて克服していくかを考えなければ、教室に入れない。担任との信頼関係を構築したうえで、学級との距離感を縮めながら、きっかけづくりや行動療法的なアプローチをおこなっていくことになる。教室に入れない生徒にとって「ぼく（わたし）が、入っても大丈夫な学級」でなければ、実際に行動することは難しい。

ＳＣからみて教室に入れるためには、まず「安心感」が必要である。これは別室登校や保健室登校も同様であり、彼らは「人が怖い」のである。登校できない日が続き、家庭で過ごす時間が長いと、家族以外の「人」が怖くなってしまう。教室で過ごしていたころの自分を忘れてしまい、再び「人」のなかに入るためには相当な勇気がいる。

視線恐怖は赤面恐怖、体臭恐怖などと同様、対人恐怖症の一亜型である。笠原（一九七七）は「視線恐怖という熟語はどうも欧米にはないらしい。われわれ日本人同士のあいだでならあえて説明を要しないほどありふれた、視線についてのこだわりを、外人は『眼と眼がぶつかることへの恐怖』などという、もってまわった翻訳調で伝えるしかない」と述べ、日本人の特有の病理として捉えられていることを説明した。しかし、青年精神医学の臨床の立場から、「視線恐怖」を日本人の青年期の精神病理として説明している。発症年齢を「かなりはっきりしていて十三、四歳から十七、八歳ぐらいまで」とし、これを説明する理由として「おそらくこの時期に達成すべき心理的課題と関係があろう」（一〇頁）と述べた。この時期の対人恐怖症の問題点として「同性同年輩者関係」をあげ、「人の視線が怖い」と話す思春期の子どもの苦手な相手は、この同性同年輩者のなかの「級友、上級生、下級生」にあたるとしている。

さらに、笠原は「対人恐怖症の好発年齢である十三歳から十七歳は、ちょうど同年輩者同士の友情形成期にあたる。不幸にも彼らはその課題を果たす時期にその課題の達成に失敗する」（一一頁）と「対人恐怖症」を説明した。

このように「人の視線が気になる」と話す生徒の抱える他人への恐怖心や教室に入れない不安を、親や教師は十分に理解する必要がある。また、不登校や相談室登校の生徒は、授業に参加できないことで生じる学力不振や学習の遅れに自責感を抱いている。この自責感から無気力や抑うつ状態に陥り、不適応を長期化させていく生徒も多い。このように不安や葛藤が重なり、大きく心が揺れる時期の過ごし方は、家庭にも学校にも「安心感」が重要になる。

伊藤（一九九一）は医療機関で視線恐怖の患者におこなった精神療法のなかで、改善された事例について研究し、「不安を受け止めながら、支持的に援助をしていき、時に応じて助言をおこなう基本姿勢が相談者に、思い悩むだけでなく実際に行動してみようという気持ちの変化をもたらし、結果的に症状の緩和につながっていた」（八三〇頁）と述べている。「人の視線が怖い」という生徒にとっての「教室」は、「安心感がもてない他人がたくさんいる四角い箱」で息苦しい場所ならば、援助者である担任が「教室」に対する不安を受け止めることが支援としての一歩といえよう。「ぼく（わたし）の気持ちは担任の先生がわかってくれているから大丈夫」という安心感が鍵になる。ＳＣの役割は、教室を怖がっている生徒の気持ちを十分に担任に伝え、そして、生徒と担任をつなぐことにあり、不安を受け止めた支援の方法を担任とともに考えることである。戻る先の教室の人間関係や状況を聞き取り「教室にいる他の生徒の視線」とどう向きあうかが課題になる。つまり、教室に入るためのスモールステップは、担任の学級経営に「安心感」が感じられ、「教室には入っても先生が守ってくれる」「学級のみんなは、自分を受け入れてくれるかもしれない」という気持ちの構築である。それらの意識が生徒自身に芽生え始めたときから心理的に準備段階に入り、「視線恐怖」の症状が緩和され、行動変容が起きる。本章では、他人への不信感から視線恐怖をもち、教室に入れない相談室登校の生徒を学級の生徒たちが自主的にサポートし、ともに心理的成長を遂げながら、相談室登校の生徒が教室に入れるようになった事例を取り上げ、担任とＳＣの役割や協働について述べる。

第３節　相談室登校の生徒への実践事例

ここでは、担任の学級へのアプローチにより相談室登校の生徒が教室に戻れた事例からＳＣの役割について検討する。

実践事例（個人情報の保護のために修正を加えている）

小学校五年生から不登校であったA子（中学三年生）が、中学校においても二年生までは不登校であったが、二年生の三学期頃から相談室に登校できるようになった。三年生となり学級と担任が替わり、担任B（男性教師・教職経験、約二十年）の援助と指導により、徐々に教室に戻れるようになり、高校進学も決め無事に卒業式にも出席した。そして、級友とともに卒業後も交流を深めることができるようになった事例である。

（1）事例の概要と支援の方向性

A子は中学二年生の二学期に、相談室へ来室した。A子は小学五年生の一学期頃から徐々に学校を休み始め、六年生のときはほぼ全欠であった。A子には四歳年上の姉がおり、姉も中学校は不登校だった。SCは姉や母親とも面接をおこなった。小学校の申し送りでは、原因は特に見当たらず、「学校に行くのが面倒くさい」といっていたという。

中学校に入学して入学式直後の一週間は登校したが、その後は不登校になった。三年生になり、学級も担任も変わったが登校する気配がなかった。A子の担任となったB担任は、さっそく彼女のことをSCに相談し、次の三点につき援助方法を考えた。

①登校刺激はまだ積極的にはおこなわず、しばらくは家庭訪問を続けながら信頼関係をつくること。
②放課後、生徒たちが下校した後に、SCとのカウンセリングを受けさせる。そのために家へ迎えに行き、SCの直接的支援を開始する。
③イベント（修学旅行）の参加をスモールステップとし、それをきっかけに学級への復帰を目指していくこと。

B担任は、新学期のはじめから自分の学級にA子が在籍していることについて学級の生徒たちに理解を求めた。A子の教室への復帰に対して担任の見解を述べ「みんな一人ひとりの自主性に期待して、A子を迎えられる学級にしたい」と話した。通常A子のような相談室登校の生徒は、相談室からどのように学級に戻すかをSCが中心となりアセスメン

大学生からのプレゼンテーション入門 中野美香著　1900円	書き込みシートを用い、プレゼン能力とプレゼンをマネジメントする力をみがきスキルを発展。大学生のみならず高校生・社会人にも絶好の入門書！
統計解析の心構えと実践 SPSSによる統計解析 原田章・松田幸弘著　2800円	統計解析の醍醐味とは。データから意味を見つけ出す作法と独特の論理。数値の示す意味を発信できる大学生になるための統計解析の基礎を伝授。
自分で作る調査マニュアル 書き込み式卒論質問紙調査解説 北折充隆著　2400円	質問紙調査に必要な統計の解説を、読者が空欄に書き込みながら理解を深めていくよう工夫。完成後は調査ハンドブックとして利用できる！
Excelによるアンケート調査の第一歩 辻義人著　2000円	Excelでアンケート調査を体験！　事例を通して結果の読み取り方を重視した、初学者用の入門テキスト。表から有益な知見を見出す喜びを体験してみよう。
ブラウザでできる基礎・認知心理学実験演習 JavaScriptで書く実験プログラム 水野りか・松井孝雄著　2400円	認知心理学の実験が手軽にChromeやSafariなどのブラウザで実践できる演習テキスト。本書掲載のプログラムをダウンロードして始めよう！
子ども理解のメソドロジー 中坪史典編　2000円	子ども観察「何をどう見たらいいのかわからない」という方、必携！　むきだしの子どもをとらえる、楽しい実践のためのアイディアブック。
乳児期における自己発達の原基的機制 客体的自己の起源と三項関係の蝶番効果 川田学著　6800円	乳児期の自己発達の一到達点である「客体的自己」の発生、その個体発生的起源とは何か。「三項関係」をキーに、2歳半を発達上の画期として検証する。
教室における「気になる子どもたち」の理解と支援のために 萱村俊哉著　1500円	発達障害の脳機能や行動、躓きの特徴を解説。運動や感覚の不器用さを測定するソフトサイン検査を紹介し、適切な支援につながる道を拓く。
幼児期・児童期の感情表出の調整と他者の心の理解 溝川藍著　5700円	泣くふりをする赤ちゃん、嘘泣きをするお母さんを真剣になぐさめる3歳児……見かけの感情を理解するようになる発達の様相を実験研究から解明。
謝罪と罪悪感の認知発達心理学 田村綾菜著　4600円	児童期の子どもを対象とした対人葛藤場面での実証研究から、加害者の場合の謝罪の目的、被害者の場合の謝罪認知の発達的変化を鮮やかに描く。
感情的動機づけ理論の展開 やる気の素顔 速水敏彦著　1800円	原因や目標を考える前に感情が人間の行動を動かしているのではないか？　第一人者による動機づけ理論の新展開！
対人援助をめぐる実践と考察 吉川悟編　5900円	宗教・スピリチュアリティ・心理臨床・特別支援教育――対人援助の意欲的実践論考をとおして、救い救われるという人間のありかたを揺さぶる試み。
コラージュの見方・読み方 心理臨床の基礎的理解のために 山上榮子著　2900円	材料もやり方も手軽なコラージュ療法が普及してきた。本書では、投映法ハンドテストを援用した新しい客観的な解釈仮説を提案する。

大学教育アセスメント入門 ウォルワード著／山﨑他訳 2000円	シンプルで効率よく有益なアセスメントとは。ルーブリック作成例、授業方法の改善・授業アセスメント技法例など、様々な機関を想定し実践的に解説。
日本の「学び」と大学教育 渡部信一著　1800円	「学習」から「学び」へ、「教え込み型」から「しみ込み型」へ。日本の伝統芸能をも俎上に載せ、認知科学的な論拠をも示して提言。
大学生活を楽しむ護心術 宇田光著　1600円	簡単に騙されない大学生になるために！　クリティカルシンキングをみがき、アカデミックリテラシーを身につけよう。コンパクトな初年次教育ガイド。
大学生のリスク・マネジメント 吉川肇子・杉浦淳吉・西田公昭編　1700円	大学生活の危うさとは。ネットやカルト、健康、お金—リスクについての知識を得て、自分で考える力を身につけ存分に学べば、人生はこんなに楽しい！
みんなの幼児教育の未来予想図 ジグラー他編／田中道治編訳 3800円	必要なスキルをもたずに就学してしまい適応できないということがなくなるように、すべての子どもに公平な幼児教育の支援・サービスモデルを提案する。
保育の心理学［第２版］ 相良順子・村田カズ他著 1800円	「保育の心理学I、II」の内容を1冊にまとめた好評テキストに「学びと発達」の章を追加した改訂版。豊富な写真と事例や章末課題で楽しく学べる。
社会的養護内容 昇地勝人・進藤啓子・田中麻里編　2200円	保育士や幼稚園教諭をめざす学生へ。児童養護の現代的問題、児童養護施設の実際および理念について、具体的にできるだけ平易な表現に留意して解説。
ガイドライン生涯発達心理学［第２版］ 二宮克美・大野木裕明・宮沢秀次編 2000円	胎児期から成人期後期までの個性化と社会化、課題、障害と支援など解説した好評テキスト。データ更新とコラムの充実により最新のトピックを補充！
発達心理学 福本俊・西村純一編　2000円	身体、認知、社会性など発達の各論から、歴史・研究法・発達理論、総論へとつづく構成。学生が主体的に学べ、教員と学生の相互作用でさらに楽しい！
心を紡ぐ心 親による乳児の心の想像と心を理解する子どもの発達 篠原郁子著　6200円	乳児に心を見出してその意図を解釈し言語化する親と乳児のやりとりが、乳児の心の発達を支え促す。縦断研究から乳児と親の関係性と発達の様相を描く。
学校心理学入門シリーズ4 **臨床生徒指導【応用編】** 市川千秋監修　2400円	学校現場で生じる問題にどう対処するのか。生徒指導の体制作りから、危機管理、いじめや学級崩壊、情報モラル教育、外国の現状まで具体的に解説。
臨床心理学ことはじめ 花園大学社会福祉学部臨床心理学科編 2000円	心理療法、非行・学校臨床から脳科学や小児科学まで。臨床心理学は実はとっても幅広くて、奥深い！本書で大学生活を一歩リードしよう！
パーソナリティ心理学概論 性格理解への扉 鈴木公啓編　2400円	パーソナリティについて幅広く、そしてバランス良く扱われており、内容も古典から最新のものまで充実。これまでとは一味違う、正統派のテキスト。

大　学　教　育
越境の説明をはぐくむ心理学
富田英司・田島充士編著　3700円
「越境の説明力」を磨く新しい大学教育論。コミュニケーション能力育成や教育法開発に生かせる理論的／実証的研究を「越境の説明力」を軸に集約。

文章産出スキル育成の心理学
﨑濱秀行著　4500円
文章を書くスキルは「何」を「どのように」すれば高められるのか。文章力の高い人が意識する重点についての知見から、効果的な練習方法を提案する。

複数解法提示による算数の学習促進効果
河﨑美保著　5200円
教科書の模範解答を繰り返し学ぶ場合と様々な異なる解法を発表しあって学ぶ場合、より学習効果が高いのはどちらか。混み具合比較課題を用いて解明。

発達と臨床の心理学
渡辺弥生・榎本淳子編　2000円
発達段階ごとに特徴的なケースを事例として配置し、対応を考えさせ、心理的な問題を抱えている人たちを支援するために必要な知識を実践的に解説する。

学校で役立つ社会心理学
吉田俊和・三島浩路・元吉忠寛編 2000円
学校現場に活用できる社会心理学の理論とは？　各章事例を取り上げ、対人葛藤、同調行動、リーダーシップなど社会心理学ならではの視点から解説する。

教職のための心理学
藤澤文編　2200円
発達心理と教育心理を中心に、保護者理解や教師の発達の解説も加え、さらには指導案も例示。基礎から応用まで幅広く学べる。教員採用試験にも対応。

児童生徒理解のための教育心理学
古屋喜美代・関口昌秀・荻野佳代子編 2000円
各章、事例と問いを提示し、関連する教育心理学の内容を解説、冒頭の例題の振り返りという構成で実践力を育成。キーワード等のまとめで教採にも対応。

学校行事の学校心理学
樽木靖夫著　5000円
学校行事をつくることを通して、学級の対人関係はダイナミックに変化する。集団体験を活用した生徒の発達と教師の援助的介入・学級づくりを論じる。

中学生のための怒りのコントロール心理教育プログラムの開発
桜井美加著　6100円
怒りのコントロールには、愛想笑いや八つ当たりより状況改善。中学生の怒り感情に関する調査をもとに、学校に最適な楽しい心理教育を提案する。

高校生の進路選択と時間的展望
縦断的調査にもとづく検討
都筑学著　6100円
高校卒業に伴う進路選択過程と、その環境移行に伴う時間的展望の発達的傾向を明らかにし、自己意識や能力・適性感、社会観などとの関連にも迫る。

家族内呼称の心理学
集団の構造と機能への呼称の関与
横谷謙次著　7400円
呼び方に現れる家族の関係性を炙り出す。「お前」など規範から逸脱した呼び方が家族集団を非機能的にするなど、家族内呼称の機能を実証的に検討。

高齢期につなぐ社会関係
ソーシャルサポートの提供とボランティア活動を通して
富樫ひとみ著　3000円
高齢者はいかに社会に貢献しているか。高齢者によるボランティア活動やサポート提供を調査し、支えあう社会関係のモデルを提案する。

日本文化での人格形成
相互独立性・相互協調性の発達的検討
高田利武著　3500円
「日本人らしさ」はどのように形成されていくのか。相互協調的と言われる文化的自己観がどのように発達していくのか、生涯発達モデルを示す。

対人援助職のためのリスニング
カウンセリングの基本となる聞き方
中島暢美著　2200円

＜受容と共感＞の前に必要なこと。保育士や看護師、社会福祉士など対人援助に関わる人に向け、「リスニング」の技術を事例を通してわかりやすく解説。

実践“受容的な”ゲシュタルト・セラピー［第2版］
岡田法悦著　2700円

今・ここの私を大切に生きる――ゲシュタルト・セラピーの考え方を解説し好評を得た初版に、ポルスター夫妻の逸脱に関する論考などを加えた改訂版。

図表で学ぶ心理テスト
長尾博著　2000円

心理テストの歴史や倫理、心得から、発達や適応を捉える様々な心理テストを図表で解説。自分でできる様々な心理テストも掲載。

ビューティ・プロフェッショナルのためのカウンセリング
高島直子・五十嵐靖博・中村延江編 2000円

ビューティ・プロフェッショナルはお客さまの気持ちを正しく理解することが大切です。本書はそれら美容にまつわるすべての仕事にお役に立ちます。

死を育てる
秋田巌・金山由美編　2000円

なぜ自殺が止まらないのか。「内なる死を育てきって逝く」ということをメンタルヘルスや性的マイノリティ、自殺志願者駆け込み寺から考える。

ポジティブ心理学再考
尾崎真奈美編　2200円

震災の語りなど、苦しみからの成長に向き合う、第二のポジティブ心理学運動を解説。マインドフルネスやユーモア、歌がポジティブ感情を引き出す。

「死の不安」の心理学
青年期の特徴と課題
松田茶茶著　3200円

アイデンティティが揺らぎ、「死の不安」を抱く青年たち。青年たちへの実証研究から実態を明らかにし、デス・エデュケーションへの示唆も与える。

多面的アイデンティティの調整とフェイス（面子）
末田清子著　4500円

帰国子女への11年間の調査から、フェイス、シェイム、プライドを論じ、私たちが複数あるアイデンティティをどのように調整しているのか、明らかにする。

摂食障害および食行動異常予防に関する研究
山蔦圭輔著　4305円

「痩せていることが美しい」だけでは食行動の問題にまでは発展しない。どこにリスクがあるのか。尺度開発、調査・介入研究から仮説モデルを示す。

コンピテンス
個人の発達とよりよい社会形成のために
速水敏彦監修／陳惠貞他編　2800円

自分自身に働きかけられる力、まわりの人々や環境に働きかけられる力、コンピテンス。その力がどのように発達し、活用できるのかをめぐる論文集。

心の物語と現代の課題
後藤秀爾著　1800円

『千と千尋の神隠し』『ハリー・ポッター』等を題材に臨床心理学の視点から物語を読み解く方法を示し、クライエントに寄り添うまなざしを深化させる。

絵本に学ぶ臨床心理学序説
松瀬喜治・松瀬留美子著　2500円

絵本には深い臨床心理学的テーマが隠されている。『100万回生きたねこ』などから、心理療法や心理アセスメント等の臨床心理学の幅広い内容を解説する。

“いのち”と向き合うこと・“こころ”を感じること
後藤秀爾監修／永田雅子・堀美和子編 2500円

心理療法の客観的評価を論ずる前に、目の前の子どもと向き合うなかで生じてくることを大切にする。名大重度心身障害児療育グループの30余年の軌跡。

トをおこない、担任にコンサルテーションする。A子のケースは、SCが担任の指示に従い、SCは随時、状況に応じてA子へのカウンセリングや担任への支援をおこなった。この際、B担任のアクションに対するA子の反応は予想がつかないことで、B担任が指導に戸惑うときや不安をもつばあい、A子へのフォローアップはSCが担うと決めた。この分担は、B担任の精神的サポートとなり、自信をもった指導を促すことになると考えた。また、A子は進学を控えており、進路のための三者面談にはSCも同席することを決めた。

（2）学級とA子に対する支援の経過

段階別の支援の経過を表10－1に示した。具合的な経過は次の通りである。

①一段階支援―「○○のようなクラス、一人ひとりが△△できるような一年にしよう」―

学級経営の方針と目標の提案

B担任の学級経営の方針は「One for All. All for one」であった。B担任は教師経験が二十年ほどのベテランであり、部活動も運動部を担当し、学級や学年以外の生徒にも声をかけている活動的な男性教諭であった。生徒に明るく接する一方「ダメなものはダメ」といえる教師で、校内分掌では教育相談部を担当し、A子の情報は承知しており、一年生から関わりたいと考えていた。表10－1に示したように、B担任はA子にも家庭訪問をした際に学級目標を提示し、他の生徒と同様に自覚を促していた。担任はA子や母親との信頼関係の構築に努め、時々A子と小学校が同じであった生徒を同行し、学級の一員であることを自覚させた。A子とB担任との関係ができると、B担任は、友人が配布物を届けるなどをして生徒同士をつなぐ工夫をした。しかし、友人が訪ねてもA子は会うことはできず、B担任はSCとつなげるためにSCの勤務日の放課後にA子を迎えに行き、学校に連れてきた。A子のカウンセリングからは、パソコンゲームにはまり、昼夜逆転の生活で朝起きられず自責感があることや、修学旅行には行きたいが、諦めていることなどがわかり、それはSCからB担任に伝えられた。SCからみたA子は、担任や学級に対する印象は良く、「学校に行きたいけど、

表10－1　A子の成長と学級への支援

時期	一段階支援	二段階支援	三段階支援	四段階支援
学級目標	「○○のような学級，一人ひとりが△△できるような一年にしよう」	「A子も一緒に行けるといいね」	「A子も学級の一員だよ」	「高校に行こう」 「みんなと一緒に卒業しよう」
学級経営の状況	・生徒と担任の信頼関係の構築。 ・学級目標の共通理解。 ・生徒にA子の在籍を自覚させる。	・修学旅行の準備を始める。 ・生徒の自主性に任せた班づくり。 ・A子の班を学級全体でサポートする。	・A子が所属する班が積極的に行動する。 ・A子と班員の関係を調整することによる学級の一体感。	・受験と卒業に向けた動機づけ。 ・A子の学級への完全復帰を目指す。
A子の状況	・登校できない。 ・昼夜逆転の生活。 ⇩ ・担任の働きかけにより，放課後登校し，SCとの面接ができる。 ・担任との信頼関係ができる。	・放課後登校ができるようになる。 ・班員の訪問や小学校時代の同級生と徐々に会えるようになる。	・班員との信頼ができ始める。 ・修学旅行に向けた準備に参加しようとする。 ・B担任の指導を受容する。 ・学級の一員としての自覚に目覚める。 ⇩ 修学旅行に参加できる。	・修学旅行に参加できた自信ができる。 ・高校進学を意識する。 ・受験に向かうため，生活習慣を変える。 ⇩ 高校に合格する。 ・卒業式に出席した後，交流を深める。
担任の支援	・学級の生徒とA子に学級目標や方針を理解させ，信頼関係をつくる。 ・A子の母親やSCと情報交換し連携を促す。 ・A子を迎えに行き，SCとつなげる。	・A子の修学旅行の参加を目標に学級運営。 ・A子に班員や学級の生徒の気持ちを伝え，参加への動機づけをする。 ⇩ ・班づくりは学級委員をはじめとして生徒に任せる。	・A子が修学旅行へ参加できるために，リーダーシップをとる。 ・班員とA子の関係性を見極めて調整する。	・修学旅行に参加できたことを評価し，高校進学へ動機づけをする。 ・学級の生徒に対してA子への支援を評価する。
SCの支援	・B担任の学級経営の方針を理解し，A子への支援を考える。 ・B担任が迎えに行き，登校した際のカウンセリングをおこなう。 ・B担任に対するA子と母親の信頼関係の構築を見守る。	・B担任の心理的サポートとA子に対する具体的な支援をB担任と考える。 ・A子にカウンセリングが必要かを見極めて対応する。	・A子に対する具体的な支援をB担任と考える。 （例）準備のスケジュール表をつくり，班員と共有する。 ・B担任へのフォローアップとふり返りにより，A子の心理的成長を評価する。 ・A子への「学級目標」の再確認と動機づけをする。	・A子の修学旅行への参加を評価し，自己肯定感を持たせる。 ・受験指導に協力し，担任にアドバイスをする。 ・高校選択に対するアドバイスをA子と母親にする。

自分ではどうにもならない」という葛藤や焦燥感がみられた。

②二段階支援―「A子も一緒に行けるといいね」―

修学旅行に向けた体制つくり

イベント（修学旅行）参加も視野に入れ、生徒たちの主体性を活かした学級のシステムを図る工夫をした。表10－1に示すように、修学旅行に向けて準備が始まり、A子の班は仲の良い友人で構成され、他の班員たちはA子の所属する班をサポートした。具体的にはA子の家に行くときは小学校が同じ友人が同行し、また、休日も遊びに誘うなどした。A子は登校できない日が続いていたが、学級内は、生徒間に信頼関係ができ「修学旅行に全員で行く」という明確な目標は、学級をまとめる原動力になっていたように思われた。

A子の所属する班員への見守り

B担任は、班員に「A子は『修学旅行にみんなと一緒に行きたい』といっていたよ」とA子の気持ちを伝えた。班員は旅行の準備活動が進むにつれ、自主的に交代でA子の家へ出向き、行動のスケジュールや座席などをA子に伝えた。それを知ったB担任は「A子はうれしいと思うよ」「みんなの気持ちがあるから、きっと一緒に行けるね」と班員を励ました。A子はSCとの面接で「うれしいけど、よくわからない」「期待されるとつらい」と話したが、A子の表情は良く、班員の気持ちを好意的に受け取っているという印象をもった。B担任は、班員の様子やA子の状況から、「班員の行動を後押ししながら、A子へのアプローチも少し積極的におこなう段階になっている」とSCに話した。次の支援について話し合った結果、「A子への働きかけを班員に任せ、担任として指示はしない。それが、生徒同士のつながりになり、班としてのチームワークをつくることになる」とした。担任は、班員から報告されるA子の様子や返事などでA子の状況を確認することにした。母親とは電話連絡を緊密に取り、A子への働きかけは、班員に委ねていることへの理解と協力を得た。A子の反応によっては、SCとのカウンセリングも必要になるので、担任からSCへの報告は細かくおこなわれた。しかしながら、SCを必要とする場面はなかった。

③三段階支援―「A子もクラスの一員だよ」―

学級とA子をつなぐ段階

B担任は、A子と学級に対する方針や指導は一貫しており、双方の関係に気を配った。SCは、B担任に「この時期は生徒が戸惑いを見せる時期なので『学級がA子を受け入れる』という目標の再確認と、B担任のリーダーシップは重要になる」と伝えた。一ヵ月ぐらい経過したころ、A子にも変化がみられ、家に訪れる班員と会えるようになり、話ができるようになった。また、SCの面接に登校する日は、登校時刻が六限目の授業の終わりころとなり、学校にいる時間が増えていった。昼夜逆転の話やゲームの話をする一方で、修学旅行に行っても「朝が起きられないから、みんなに迷惑をかける」など不安をもっていた。SCはB担任に「修学旅行の参加は進路の選択にも影響し、生活の立て直しが今後の高校生活を左右するので、母親の協力を得ることが望ましい」と伝え、母親にはA子がパソコンゲームで就寝が深夜にならないように生活習慣の改善への協力と、A子の修学旅行に行きたい気持ちを後押ししてほしい旨を伝えた。しばらくすると、A子の登校に変化が現れ、教室に出向き、帰りのホームルームに参加することができるようになり、班員とも交流できるようになっていった。

A子への受容的指導

A子は、気分の良いときは昼休みに登校できるようになった。そこで、ある出来事が起こった。昼休みに登校し担任を待っていたが、B担任は時間に少し遅れてA子に会いにきた。その日は、修学旅行間際の特別活動の日で、A子は相談室で班員と打ち合わせをすることを約束していた。B担任は班員を連れてきたが、A子は「今日は気分が乗らないから帰る」と告げた。しかし、B担任は、「いつも班員の一人として気にかけている班のメンバーの気持ちがわかりますか」と、A子を班員とSCの前で叱責した。そして「修学旅行に行くためにA子も班のみんなも今まで努力してきたので、このまま下校はさせません」といい、予定通り班員とミーティングをおこなわせた。A子はいつもと違う担任の言葉に少し惑いをみせたが、ミーティング後の表情は良く、班員との交流も深まり、機嫌よく下校した。B担任はSCに

「あれで良かったのでしょうか」とたずねた。ＳＣは「先生は良かったと思われますか」と聞き返すと、「また登校できなくなったらどうしようかと思いましたが、信頼関係はとれているので大丈夫だと思っていってしまいました」と話した。「それで良かったということですね」と返答した。Ｂ担任の言動には班員の生徒たちも反応していた。「先生はＡ子にも、自分たちと同じように叱るときがある」という表情をして少し驚いている様子であった。このエピソードは、登校していないことで自責感をもっているＡ子に「先生は学校に行っていない自分にもみんなと同じように叱ってくれた」という自信をつけることになった。Ａ子にとっては、Ｂ担任の大切にしている「どの生徒も平等」という方針を双方の生徒たちに示したことで、教室に入れない生徒でも、教師の一貫した指導方針により「安心感」を与えることになった。ＳＣはそのやり取りを見ながら、戸惑うＡ子を目にしたが、生徒と信頼関係がとれているＢ担任の指導に、ＳＣのフォローアップを必要としないと判断した。

④四段階支援―「高校に行こう」「みんなと、一緒に卒業しよう」―

進学に向けた生活習慣の改善と進路指導

三段階支援までは、教師のリーダーシップにより学級に「安心感」を与えたうえで、生徒が自主的に活動し、Ｂ担任の見守るなかで生徒同士の信頼関係が構築されてきた。その結果、懸念されていたＡ子は修学旅行に参加できた。修学旅行中のＡ子は班員とともにスケジュールをこなし、問題なく過ごした。班員も学級の生徒もＡ子の参加を喜び、学級目標だった「全員で修学旅行に行く」ことが達成できた。Ｂ担任は、学級としての取り組みを評価し、Ａ子にも「一員」であったことを自覚させ、双方を賞賛した。修学旅行後、Ａ子は、少しずつ教室に入る時間が増え、クラスの友人とも会話ができるようになっていった。給食の時間を目安に登校し、担任の授業や得意な授業、出やすい授業を選び徐々に、授業参加もみられるようになった。進学を意識し始め「高校は全日制に行きたい」と考えるようになり、登校の目的が「授業に少しでも出る」意識に変わりはじめた。そのころは、母親と担任、ＳＣを交えた四者面談がよくおこなわれ、受験校や高校入学後の課題などを話し合い、Ａ子の生活習慣の改善や行動変容のための動機づけと家庭の役割を提示した。

そして、A子は母親の協力を得ながら、高校受験も無事に終えて進学を決めた。高校合格後は、他の生徒と同じように過ごし、卒業式には立派な姿をみせた。B担任からSCに「A子が、『あのとき、叱ってくれてありがとうございました。少し甘えているところがありました』と、照れ臭そうに笑ってあいさつをしていきました」と報告された。

(3) 支援の経過と担任の役割

段階別にA子の状況、担任への段階などについて、表10-1にまとめた。

①一段階支援

『学級目標』を立て、「先生は○○のようなクラスにしたい」と明確に生徒にアプローチをすることにより、A子の支援も生徒たちにきちんと伝わった。また、一方ではA子に対しても関係づくりを最優先にしながら「学級のなかの一員」と動機づけがなされた。A子の新しい学級への不安を理解しながらも、最終学年としての修学旅行や受験などの取り組みを他の生徒と同様に意識して生活させることをA子への目標においていた。

②二段階支援

修学旅行に向けた取り組みが始まり、B担任は、班づくりは生徒の自主性に任せた。学級委員を中心に班がつくられ、A子の班は学級委員（女子生徒）、普段から仲の良い女子一名と男子三名の六名で構成された。B担任はA子の班に対して、励ましながら見守る体制をとった。学級内では、他の班員からの自主性もみられ、A子の家に班員が訪問する際に、小学校が同じ友人も同行するなど、A子の所属する班を、他の班がサポートする場面もみられた。この段階でのA子は、まだ学校に対する恐怖心があるので、B担任は班員からの報告を注意深く受けながら、不安定なときはSCと連携し、話し合いによりA子の対応を考える体制をとった。

③三段階支援

B担任は修学旅行の計画や準備を見守りながら、「A子を特別扱いしない」方針をとり、A子の成長に期待した。生徒間の信頼のネットワークに委ねながらA子の気分や感情をセーブした指導を的確におこない、学級全体の成長にもつなげようとした。

④四段階支援

受験に向けたA子に対して、進学に関わる問題が多く出始めた。修学旅行に参加したA子を評価し、自信をもたせながら進学という次のスモールステップにどのような支援が必要かをA子自身に考えさせた。母親とも連携し、A子の受験に備えた。そのころのA子は、精神的に随分と安定を取り戻していた。「合格できるか」「高校に通えるか」の不安はもちながらも受験勉強をする時間が少しずつ増えていた。試験日は母親が受験校まで送り、無事に受験が終わり、そして合格することができた。B担任はA子に「A子のがんばった結果。自分で乗り越えた」と自己評価を高めるように話をした。

（4）支援の経過とSCの役割

①一段階支援

担任の「学級経営」の意図や方針を理解することに努めた。早い段階でA子とSCをつなげようとしていた担任に対し、「A子も最終学年になり、登校しなければならないと考えていると思うので、A子の背中を押してもいい時期です。学級の人間関係をつくる時期でもあるので、他の生徒たちの人間関係を探りながら、A子の居場所をつくってください。四月は学校にはプラスエネルギーがあるので、A子にも追い風になるので大丈夫です」と助言した。A子の面接では、不安に寄り添いつつも、担任の気持ちや課題を伝えながら、A子自身の「教室に入れるようになりたい」という気持ちを強化していった。第三者的に、B担任や学級の印象も話しながら、プラスイメージをもたせた。B担任にはフィードバックを通してA子の気持ちを伝えた。

②二段階支援

SCとして班員の負担も心配していたが、問題が生じた際に対応できるように見守る立場をとった。B担任に、家を訪れても会えない班員に対して「すぐに会えなくても大丈夫。焦ることはかえって良い結果につながらないかもしれない」と助言し、生徒を激励するように伝えた。また、B担任自身に焦燥感がみられたときは、「何もしない積極的な態度があり、何も言わない積極的な態度もあります」と心理的援助をした。B担任も「もし、うまくいかなくても『最後はSCがいるので何とかなる』と思っていました」といい、両者の役割分担が明確になった。結果的には、A子のカウンセリングよりも、B担任からの報告や次のアクションやアプローチをフォローアップし、支援を考えていくことがSCの役割になった。

③三段階支援

修学旅行に向けた準備の経過を見守りつつも、A子の状況から修学旅行へ参加の可能性を示唆した。A子にとってのスモールステップである修学旅行への参加は同時に学級目標である。A子に、B担任は「学級の一員としてA子を参加させる」という意向をもっていることを話し、新学期の「学級目標」を再確認することを提案した。また、B担任には、A子に対して具体的な方法を提示し、「スケジュールを目視できるような紙面などを作成し、時間的な行動の予測がA子自身にもできるように提示してはどうか」とアドバイスした。班員の準備スケジュールにA子も参加するように促し、旅行へのイメージや不安を軽減する時期でもあることを説明した。A子の修学旅行の参加のためには班員との関係性が構築されていなければならない時期なので、B担任にも両者の調整が必要と考えた。A子の「気分が乗らないから帰る」と言った場面では、担任の指導を肯定し、A子にSCとしても担任の気持ちをフォローした。「B先生の本当に『A子を連れて行きたい』気持ちがSCにも伝わってきたわよ」とA子に話した。A子の戸惑う気持ちを受容しながらも「みんなと行きたい」気持ちを強化することで「学級のなかにも居場所がある」という肯定感をもたせた。B担任には「特に問題はありません。よく思い切って指導されましたね」と伝えた。

④四段階支援

修学旅行後、Ａ子が徐々に教室に入れるようになっていた。Ａ子にも担任にも「旅行まで積み重ねた努力と、『行けた』という達成感からですね。これからもいろいろできそうですね」と評価した。また、受験に対しては、ＳＣは進路指導の立場はとらず、Ｂ担任には「ご経験から指導なさってください。Ａ子は自分に少し自信を取り戻していると思います」と話した。しかし、ＳＣの高校教員経験から「進学先の高校は三年間で卒業できる学校を選んであげて欲しい。高校でのＡ子の不登校は大きな挫折感になる」と助言した。母親には、現時点でできたことやできていることをふり返り、考慮したうえで高校を選択するようにアドバイスした。またＡ子には、睡眠時間や登校時間など、現在の生活を大きく変えなければ高校生活が送れない、あるいは高校では中途退学になりかねないと、Ａ子自身にも高校生活へ向けた課題を話した。

第４節　ま と め

Ａ子が、学級の一員として修学旅行に参加してから教室復帰ができたのは、Ａ子を囲む学級の生徒たちの援助によるものであった。学級の生徒たちの自主性を重視し、彼女らがＡ子とともに成長した基盤には、Ｂ担任への信頼があり、それが安心感につながり、Ａ子の行動変容になったと考えられる。Ａ子の成長と学級の成長には密接な関係があり、互いに課題を適切に乗り越えながら成長したものと考えられる。

本事例から、相談室登校の生徒に対する支援の一つとして、直接的に生徒にかかわらず、生徒が戻る学級を支援することで、相談室から学級へ復帰できることが示された（図10-1）。ＳＣは、担任のように学級全体にアプローチすることはないが、担任を全面的に支持することがそれに相当すると考えられた。担任はそれぞれ、性格や指導方針が異なり、多様な学級経営を営んでいる。そのなかでＳＣが、異なる指導方針を受容し、カウンセリングマインドに特有の態度や肯定的理解を示しながら援助することは、担任の個性や学級の特性を生かすといえよう。担任の指導をバックアップし、応援団として、指導がうまく進まないときにも協働できる存在としての役割がある。的確に支援がおこなわれるためには、日頃から学校組織を熟知し、情報交換に努めながら、いかなる問題が生じた場合にも冷静な判断と、問題解決に向けた高いカウンセリング技術が身についていなければならない。また、学校内で解決が困難な場合には、学校外の専門機関との連携や協働も必要となり、ネットワークづくりも重要である。

生徒にとって、担任は学校では親としての存在であり、その担任による指導は温かく、ときに厳しいときもあるが、ＳＣは第三者として双方に寄り添い、関係性を見守りながら支援していくことが望ましい。本事例のように、担任が学級経営のなかで一貫した方針をとり、生徒たちから信頼され、生徒同士もつながりながら相談室登校の生徒を教室に復帰させた事例は少なくない。卒業式に出席し、クラスメイトに囲まれたＡ子の姿はＳＣからみて誇らしげであった。また、Ａ子とともに成長した学級の生徒たちは微笑ましく、生徒たちを見送るＢ担任の姿は凛々しくみえた。

引用文献

伊藤亜矢子「スクールカウンセラーは学級崩壊にどう関われるか」『教育と医学』、二〇一一、六七〇―六七六頁。

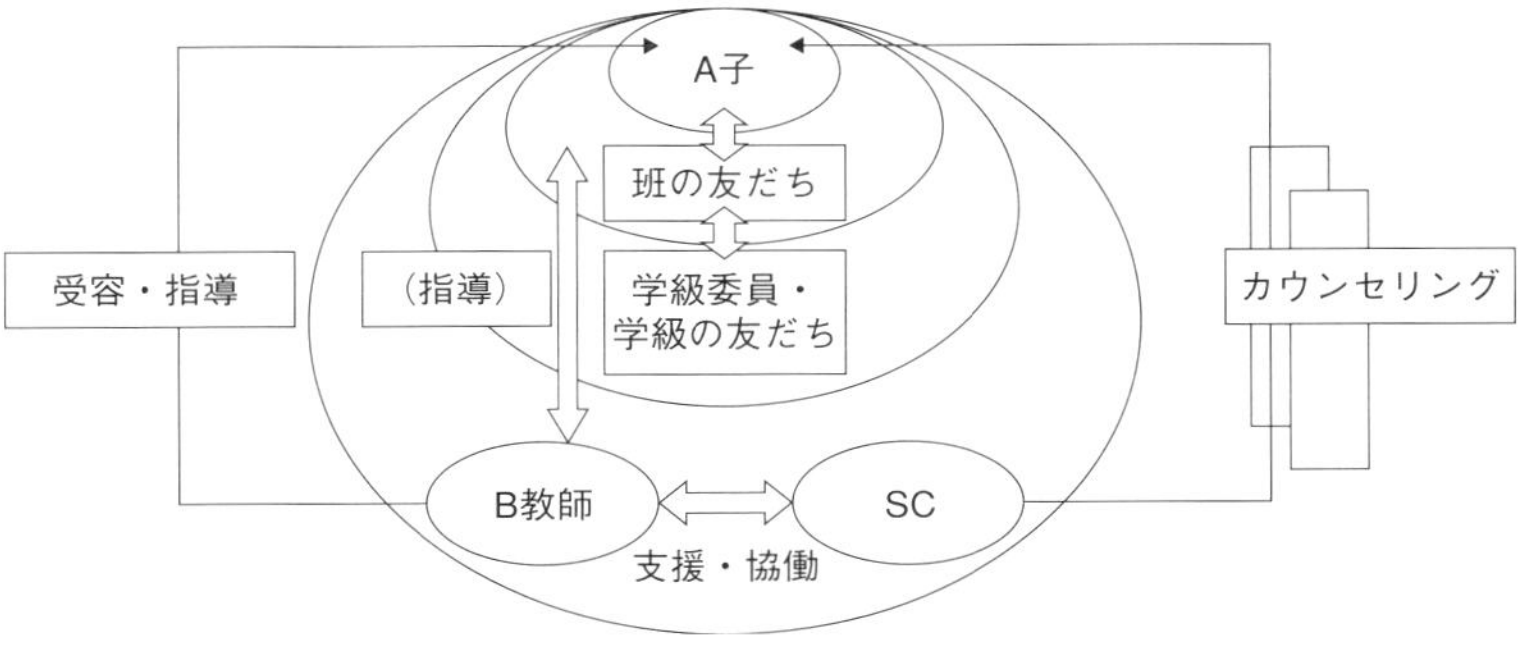

図10－1　Ａ子を教室へ復帰させた学級のイメージ

伊藤裕子「視線恐怖に対する支持的精神療法」『日本教育心理学会第三三回総会発表論文集』一九九一、八二九―八三〇頁。

笠原嘉『青年期　精神病理学から』中央公論新社、一九七七。

第3部

ネットワーク社会と学校教育

第11章 最近の臨床的子ども像

第1節　ネットワーク社会における子ども像

(1) 子ども像の今―時代はどう変化したのか？―

現代の臨床的子ども像について明らかにするうえで、子どもを取り巻く現代社会構造について議論することは重要である。現代の子どもたちはどのような社会の中に生きているのだろうか。かつてブロンフェンブレンナー（Bronfenbrenner 一九九五、一九九九）は、子どもの発達に影響を与える社会システムとして生態学的アプローチを提唱した（図11－1）。子どもは、学校・家庭・近所の人々といったマイクロシステム（Microsystem）と自分の身体を通して直接相互作用をおこなっている。さらに子どもは、学校や家庭といったシステム間のつながりであるメゾシステム（Mesosystem）の影響も受けている。子どもの身体とさらに距離があるシステムとして、地方産業や親の職業・マスメディアといったエクソシステム（Exosystem）からの影響が想定されている。もっとも子どもの身体と遠いシステムとして、支配的な信仰やイデオロギーといったマクロシステム（Macrosystems）がある。

ブロンフェンブレンナー（一九九五）が、「テクノロジーは社会を変える」と述べているように、この生態学的アプローチの現代社会における構造的変化について考えてみると、マクロシステムを外円として包含関係を形成し、直接相互

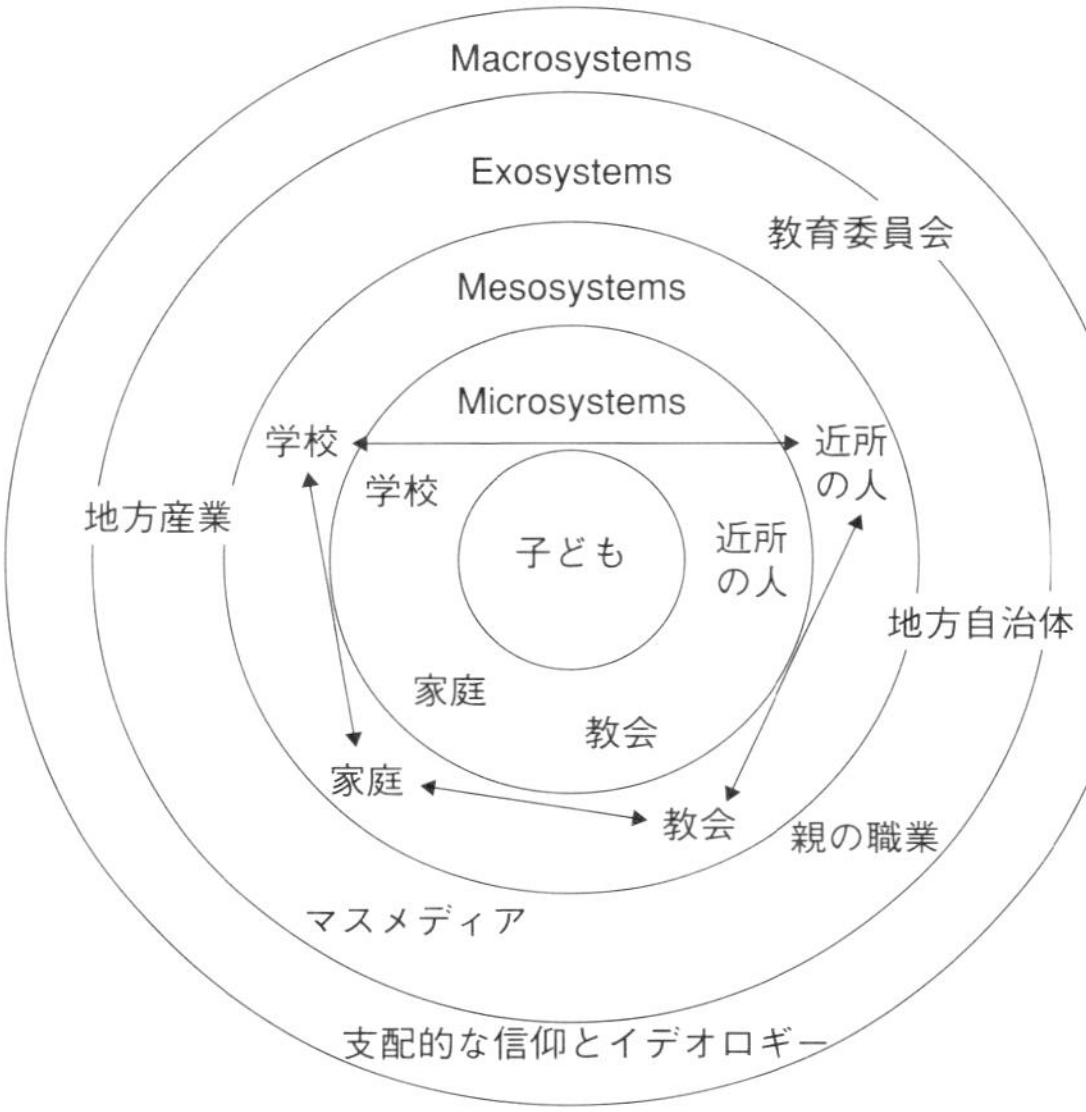

図 11－1　ブロンフェンブレンナーの生態学的アプローチ
（村田，1990 を参考に作成）

作用可能なマイクロシステムに至るという構造に変化が起こっているのではないだろうか。従来のモデルにおいては，外側のシステムに内側のシステムが近接しており，システム間をつなぐ必要性が小さい状態であったといえる。

しかし，現代の子どもが育つ社会構造を考えてみると，テクノロジーの進歩により，各システムが離散して近接領域が少なくなり，子どもの身体を複数の併存的なシステムが取り囲む形で形成されているような状況である（図11－2）。このような構造においては，システム同士が近接しておらず，どのように子どもの身体とシステムをつなげるのかという問題が生じている。

すなわち現代の子どもは，システムの中に自然に存在するのではなく，自らの身体とシステムをつなげる技を必要とするようになったといえよう。彼らは，自らをどのシステムにつなげるのか，居場所をどのシステムに求めるのかということが状況によって異なる流動性の高いシステム構造の中で生活している。現代において，子どもたちは自動的に包含関係をもったシス

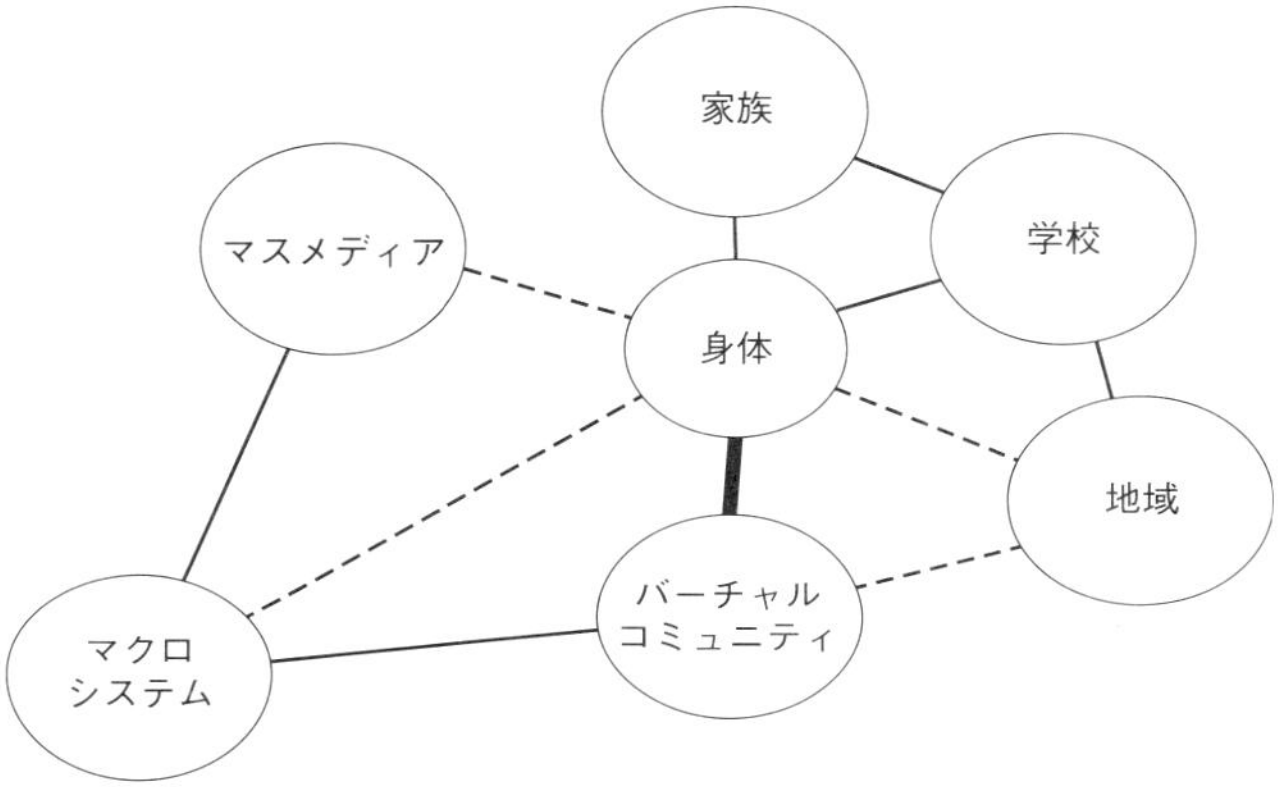

図 11－2　現代の社会システム構造例

（注）　子どもによってアクセスの頻度・つながりの強さ・システムとの距離は異なる。
状況によって距離・頻度・つながりの強さは選択的に変動すると考えられる。

テムに所属できるのではなく、併存的なシステムを、自らの身体と結びつけなければならなくなったと考えられる。

(2) ネットワーク社会における子どもの変化

子どもたちに大きな変化をもたらしているのは、先に述べた子どもたちを取り囲む現代社会の併存的システムの中にネットワークシステムを媒介とした「バーチャルコミュニティ」[1]と称される「仮想的なコミュニティ」が形成されるようになったことであろう。現実のコミュニティにおける対面でのコミュニケーション（Face-to-Face Communication：以下、ＦＴＦと記す[2]）に対して、バーチャルコミュニティにおいては、電子メール、電子掲示板、チャットなどのコンピュータを介したコミュニケーション（Computer-Medeiated Communication：以下、ＣＭＣと記す[3]）が用いられている。ＣＭＣは、コミュニケーションの距離的、時間的な制約を開放し、既知の人々とのコミュニケーションの機会を増加させる一方、未知の人々とのコミュニケーションの機会も新たに提供する（宮田　一九九三）。

バーチャルコミュニティの出現に伴い、近年見受けられる親子の光景にも変化が生じている。親もしくは子どもがＣＭＣを用いた仮想的なコミュニティに夢中になっており、目の前に存在する相手との対面でのコミュニケーションがおろそかになっているという場面がある。飲食店で、子どもは飲み物を与えられ、親は飲み物を与えているあいだ子どもが静かになることを期待して、CMCに夢中になっている。飽きてしまったのか子どもが親に対してコミュニケーションを取ろうとすると、ほんの一瞬だけ子どもの方に顔をやり、すぐにバーチャルコミュニティに戻っていってしまった。このように、ときに目の前にあるつながりよりも、バーチャルコミュニティとのつながりの方が強力なものとなりうる環境で子どもたちは生活しているのだ。友人関係においても、バーチャルコミュニティの影響は大きい。SNSをきっかけとして現実場面でも友人関係を形成するという例も見受けられる。SNSでコミュニケーションを取っている人と現実場面においては話すことがなかったが、しだいにSNS上でやりとりを重ねることによって現実場面でも話すようになり、友人関係になるといった関係性構築の仕方がでてきている。

第2節　ネットワーク社会における問題点

(1) つながりのつくり方―つながりの問題―

現実のコミュニティにおける対面でのコミュニケーション以外の、CMCを用いた交流が増加している現代の子どもたちのつながりの問題について考えてみたい。

近年、子どもたちは、CMCを用いたつながりを多用するようになっているため、CMCを用いてつながりを断ち切る、あるいはつながりを操作する行為が彼らの適応に大きな影響を及ぼしている。電子メール、携帯電話ウェブサイト、SNSや学校掲示板などを用いて悪口や噂の流布といったネットいじめがおこなわれ、近年増加傾向にある。文部科学省（二〇一三）によれば、全国の小中高生を対象とした「平成二十四年度児童生徒の問題行動等生徒指導上の諸問題に関する調査」において、携帯電話などネットへのアクセスが増加する中学生では、サイバー型いじめの件数がいじめ全体の約五・八%とされ、三千七百件に上っている。パソコンや携帯電話等で誹謗中傷や嫌なことをされたと回答する生徒がおり、前回の調査時よりも増加している。

　最近みられるサイバー型いじめの事例としては、Twitter®などのＳＮＳ[4]での発言が原因で現実場面での人間関係が気まずくなったり、仲間はずれにされたりすることが挙げられる。ＳＮＳ上で軽い気持ちで発言したことからネット上で口論となり、実際に友達を失ってしまうことやグループに入れなくなることが報告されている。あるいは、ネット上での友人関係と現実場面での関わりが全く違うといったケースもある。ネット上では悪口を言っている友だちに対して、現実場面では何事もなかったかのように接している子どもたちもいる。そのようなネット上での関係性と現実場面での関係性の違いに不信感を抱く閲覧者も多い。また、大学生では、入学前にＳＮＳ上でコミュニティができあがっており、入学時にはすでにグループが形成され、ＳＮＳ上のつながりを形成していないことによって大学になじめないケースも報告されている。最近の子どもたちは入学前からすでに情報交換やグループ形成が始まっており、入学時にはすでに出遅れている事態もありうるのだ。

　サイバー型いじめが増加している背景には、対面でのコミュニケーション場面よりもＣＭＣ条件においては有意に攻撃性が高まる（佐藤・日比野・吉田 二〇一〇）というコミュニケーション形態の特性が関連していると考えられる。

　また、「つながり」のもう一つの問題としてインターネット依存が挙げられる。ヤング（Young 一九九八）によれば、インターネット依存とは寝食を忘れてインターネットにのめりこんだり、インターネットの利用をやめられないと感じたりする、インターネットに精神的に依存した状態をいう。ヤング（一九九八）は、インターネット依存者がインターネットを利用する目的として、孤独感からの逃避を第一に挙げていることを報告しており、インターネット上の仮想の世界は安心で所属感の強い場所となり、悩みを回避させてくれると述べている。つまり、現実のコミュニティにおけるつながりが弱い場合、現実場面で得られない安心感や所属感をネット世界の中で求め、他のシステムとのつながりを用いなくなると依存に陥るのではないかと考えられる。バーチャルコミュニティの中でのつながりのみに没頭し、他のシステムとのつながりが希薄になっていった場合、子どもが本来求めている安心感や所属感を得ることが難しくなると考えられる。

(2) つながりを形成する

現代の子どもたちはつながりを形成することが以前よりも難しくなっていると思われる。というのも、現実のコミュニティにおける対面コミュニケーションにおいては、社会的スキルが必要とされているからである。前田・片岡（一九九三）は、社会的スキルの不足が、対人関係の形成や維持を妨げることを報告している。第1節の社会構造の変化で述べたように、現代社会においては個々人がネットワークシステムを構築する必要性が以前の社会構造にも増しているにもかかわらず、皮肉なことに、つながるためには社会的スキルが必要とされているのである。社会的スキルが乏しくＦＴＦコミュニケーションが苦手であるために、ＣＭＣの社会的ネットワークを用いている人たちも多い。

五十嵐（二〇〇二）は、ＦＴＦとＣＭＣにおけるコミュニケーションとその人のもつ社会的スキルが孤独感にどのように影響するかについて検討し、社会的スキルおよびＦＴＦによるコミュニケーションが孤独感を軽減することを明らかにしている。さらに、ＣＭＣの社会的ネットワークを形成・維持するためにも社会的スキルは必要であるが、ＣＭＣの社会的ネットワークを形成しても孤独感は低減されないという結果が示されている。社会的スキルの低い子どもがＣＭＣ上のつながりのみで孤独感を軽減させることは容易ではない。非言語的手がかりが伝達されないＣＭＣの社会的ネットワークでは、相手に対する親密度を深められず、心理的な満足感を十分に高められない可能性がある。

ＣＭＣで形成したバーチャルコミュニティとのつながりは対面でのコミュニケーションを用いる現実社会とのつながりが疎外された状態で用いても、孤独感は軽減されず、満足感が十分に得られず、結果的に長時間のめり込んでしまうのではないかと考えられる。では、どのようにＣＭＣを活用すれば良いのだろうか。

ネット社会に生きる子どもたちの孤独感を軽減するためには、現実のコミュニティで自然に身につけることが難しくなった社会的スキルをソーシャルスキル・トレーニングなどの働きかけによって補うことが重要であろう。ある程度社

表11－1　援助要請の方法・援助要請タイプと適応の関連

	電話	メール	SNS	悩み経験	相談の意図	社会的スキル	友人満足	ストレス
直　接	.37**	.30**	.22**	.18**	.75**	.30**	.38**	.01
電　話		.54**	.24**	.01	.42**	.33**	.30**	－.08
メール			.37**	.07	.45**	.24**	.15*	－.05
SNS				.07	.33**	.03	.07	.08
悩み経験					.21**	－.05	－.03	.37**
相談の意図						.29**	.42**	.02
社会的スキル							.54**	－.33**
友人満足								－.30**

$^{**}p<.01$,　$^{*}p<.05$

会的スキルを身につけてＣＭＣを利用することで、バーチャルコミュニティ上のつながりも活かすことができ、満足感の上昇や孤独感の軽減が期待できるだろう。

第3節　ネットワーク社会と子どものこれから

(1) 最近の子どもと向き合う―つながりを求める―

最近の子どもたちのなかには自ら主体的につながりを形成することが苦手な子どもたちがいる。特に困ったときや悩んでいるときに、どのように他者に援助を要請すればよいかわからず、孤独感や問題を深めてしまうケースがある。これは、対面でのコミュニケーションが減り、現実でのコミュニティのつながりが弱まったことが影響していると考えられる。近年は、ＣＭＣに社会関係の形成・維持機能を加えたソーシャルネットワーキングサービス（ＳＮＳ）が子どもたちのあいだにも広がりをみせつつある。内田（二〇〇七）によれば、近年広がりをみせているＳＮＳは社会ネットワークの形成ツールとして登場し、「地域」の視点を兼ね備えており、つながり＝社会関係の形成・維持のコミュニケーション空間として機能している。このように、ＳＮＳの普及によって子どもたちがつながりを求め、現実のコミュニティでおこなわれていたような援助や人間関係の形成・維持を模索することが可能になったといえよう。

表11‐1、表11‐2は、大学生における援助要請の方法および援助要請タイプと適応の関連を示している[5]。それによれば、ＳＮＳを使った援助要請のみが社会

表 11－2　援助要請の方法を従属変数とする重回帰分析結果（渡部・永井・桑原，2014 より転載）

	直接会う	電話	メール	SNS
	β	β	β	β
気遣い	.08	.08	.01	.05
ふれあい回避	－.24**	－.06	－.10	－.09
群れ	.13*	.12†	.09	.17*
ソーシャルスキル	.22**	.27*	.19**	－.03
重決定係数（R^2）	.18	.13	.07	.05
F 値	13.972**	9.56**	4.86**	3.21*

β（標準偏回帰係数）。$^{+}p<.10$，$^{*}p<.05$，$^{**}p<.01$

的スキルの高さと関連しない。その他の「直接会って援助要請をする」「電話で援助要請をする」などは社会的スキルの高さと関連することが示されている。つまり，直接会って相談する・電話で相談するといった手段は，社会的スキルの乏しい子どもにおいては援助要請の際に選択されにくい可能性が示唆されたのである。子どもたちが援助要請をする際に，社会関係の形成・維持のコミュニケーション空間としてのSNSが独自の役割を果たすのではないかと考えられる。

しかしながら，現在のSNS上には，子どもたちがつながりを求めるときに信頼できる相談相手が常にいるとは限らない状況であるという問題がある。バーチャルコミュニティ上の関係で信頼感を形成できず，つながりを求められなくなったとき，絶望に至るのではないかと考えられる。バーチャルコミュニティ上でつながった相手と信頼関係を構築することは難しく，それは，つながるスキルの乏しい子どもたちにとって唯一の救いの場であると同時に傷つきをもたらす危険性も孕んだつながりである。

現在，バーチャルコミュニティ上において専門家による支援が十分におこなわれているとはいいがたい。掲示板や個人の開設したメール相談・チャット相談などがみられるようになっているが，専門の相談機関のSNSへの参加およびチャットやメール相談は，電話相談に比べると少ないという現状がある。チャット相談やメール相談にはタイピング速度の問題や状況把握の難しさなど，相談活動における限界があるためであるが，先に述べたように社会的スキルの低い子どもにおいては，チャットやSNSコミュニティでの相談がもっともハードルが低くなっているため，

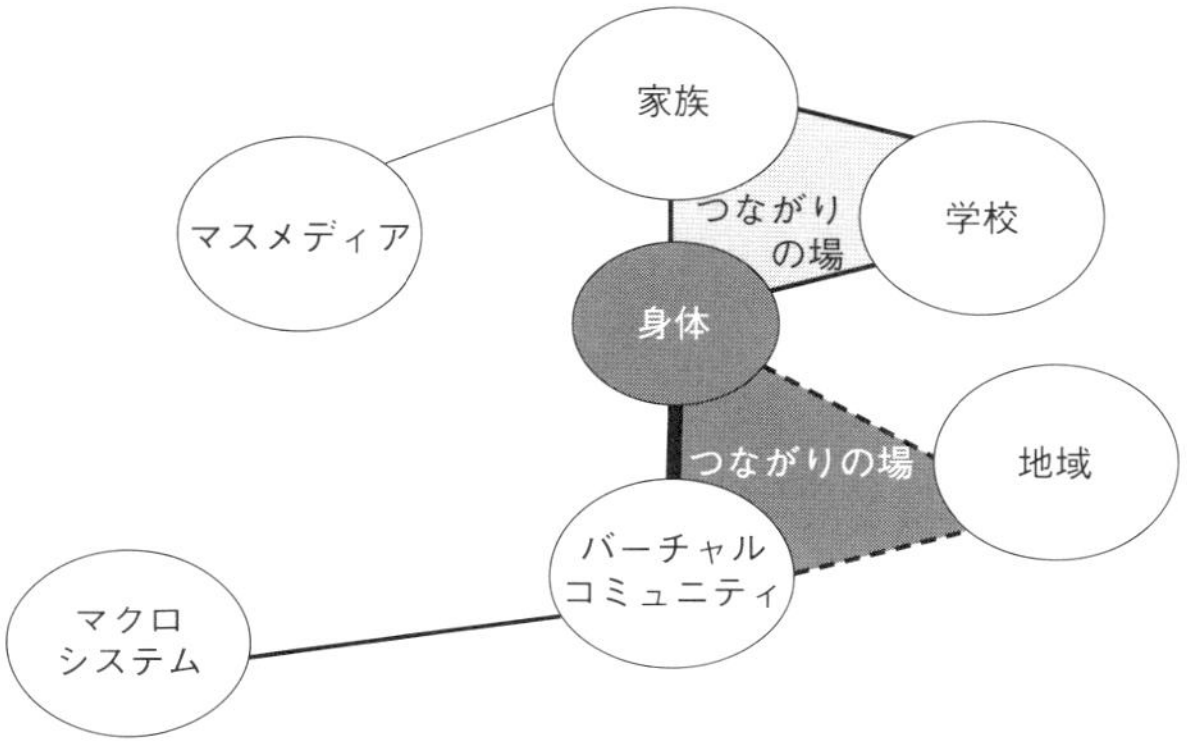

図11－3　つながりの場の形成例

そこから電話相談や対面相談につなげるという相談の足がかりが必要であるといえよう。実際に、CMCを通じて知り合った人々は親密さを増すにつれて、電話などのCMC以外のメディアでコミュニケーションをおこなうようになり、最終的にはFTFでのコミュニケーションに発展することが報告されている（Parks & Floyd 一九九六）。子どもたちの間でSNSやリアルタイムのCMCが身近になっている今、相談活動においても信頼関係を構築できる専門家とのコミュニケーションを広げていく足がかりとしてSNSやリアルタイムのCMCを用いていく必要があるのではないだろうか。子どもたちがつながる手段としてSNSやCMCを機能させ、そのようなつながりを足がかりとして現実場面とのつながりを形成していくような支援が求められているといえよう。

現代の子どもたちの適応においては、SNSやリアルタイムのCMCとFTFのバランスが重要であると考えられる。ある子どもによれば、ボランティア活動やサバイバルキャンプなどFTFを伴う活動を実施するために、グループチャット機能やSkype®のグループ通話機能を用いて実施計画を立てているという。このCMCとFTFを見事に使い分けるバランスのよさに、現代の子ども像がみえるように思われる。

(2) つながりの「場」へ

最後に、現代社会におけるつながりの多様性について考えてみたい。コミュニティのつながりが弱くなった今、テクノロジーの変化によってつながり方に多様性が生まれている。人と人が現実のコミュニティでつながる、システム同士を連携によってつなげる、場所と人がつながる、CMC環境を通してつながるなどさまざまである。このように多様なつながりによってつながりの場が形成され、さらに子どもが主体的なつながりを形成していく土壌となると考えられる。形成されたつながりの場の一例を図11－3に示した。

岡田（二〇〇三）は、意味の再構成を媒介する場としてのCMC環境を「構成的なCMC環境」と呼んでいる。情報や知識とは「伝えるもの」ではなく、むしろ主体的な関わりのなかで構成するものという視点から、メッセージなどの情報を媒介する「界面」としてではなく、意味生成を媒介する「場」としてCMC環境を捉えている。このように捉えるならば、相手とつながるためには、同一の「場」を提供し、そこに主体的に関わるなかで意味を再構成する必要がある。おとなができることは、その場やコンテクストのエッセンスを提供すること、そしてその場において子どもの身体が意味を再構成する際にアシストする、あるいは足場を提供することであろう。

子どもが安心感や信頼感をさまざまなつながりの多様性のなかでどのように醸成していくかが今後の課題であろう。つながるためのスキルを学ぶ「場」を提供するとともに、「場」としてのCMC環境を整えていく必要性があるのではないだろうか。

注

（1）　バーチャルコミュニティ（オンライン・コミュニティと称されることもある）とは、仮想的なコミュニティのことである。内田（二〇〇七）は、CMCによって形成されるコミュニティを総称して、「仮想的なコミュニティ」と呼んでいる。バーチャルコミュニティの他にも「ネットワーキング・コミュニティ」といった用語も用いられている。

（2）　Face-to-Face Communication（FTF）とは、対面場面でのコミュニケーション形態のこと。

（3）Computer-Medeiated Communication（ＣＭＣ）とは、電子メール、電子掲示板、チャットなどのコンピュータを介したコミュニケーションのこと。対面でのコミュニケーションと比較して、ＣＭＣでは相手の表情が捉えにくく、会話の文脈や相手の社会的地位などを推察しにくいとされている。

（4）ＳＮＳとは電子掲示板やチャットなどのコンピュータを介したコミュニケーションの一つである。ＳＮＳは、インターネットの特別な知識がなくても自己のプロフィールをＷＥＢ公開できるようにしたうえで、会員相互の出逢いやコミュニケーションを促進するサービスのこと。

（5）表11－1は、渡部・永井・桑原（二〇一四）において報告されたデータに基づき、筆者が新たに作成したものである。

引用文献

Bronfenbrenner, U. Developmental ecology through space and time: A future perspective. In P. Moen, G. H. Elder, Jr., & K. Luscher (Eds.), *Examining lives in context: Perspectives on the ecology of human development.* Washington DC: American Psychological Association. 1995, 619-647.

Bronfenbrenner, U. Environments in Developmental perspective: Theoretical and operational models. In S. L. Friendman, & T. D. Wachs (Eds.), *Measuring environment across the life span: Emerging methods and concepts.* Washington DC: American Psychological Association Press. 1999, 3-28.

五十嵐祐「ＣＭＣの社会的ネットワークを介した社会的スキルと孤独感との関連性」『社会心理学研究』一七、二〇〇二、九七－一〇八頁。

前田健一・片岡美菜子「幼児の社会的地位と社会的行動特徴に関する仲間・実習生・教師アセスメント」『教育心理学研究』四一、一九九三、一五二－一六〇頁。

宮田加久子『電子メディア社会　新しいコミュニケーション環境の社会心理』誠信書房、一九九三。

文部科学省「平成二十四年度児童生徒の問題行動等生徒指導上の諸問題に関する調査」二〇一三。

村田孝次『児童発達心理学』培風館、一九九〇。

岡田美智男「社会的相互行為論からみたＣＭＣ研究の新たな展開」『システム／制御／情報　システム制御情報学会誌』四七、二〇〇三、四六三－四六八頁。

Parks, M. R., & Floyd, K., Making friends in cyberspace. *Journal of Communication*, **46**, 1996, 1-18.

佐藤広英・日比野桂・吉田富二雄「ＣＭＣ（computer-mediated communication）が攻撃性に及ぼす効果」『筑波大学心理学研究』三九、二〇一〇、三五―四三頁。

内田啓太郎「ＳＮＳの社会情報学―ＣＭＣ研究の新しい方向性に関する研究ノート―」『北海道教育大学紀要　人文科学・社会科学編』五七、二〇〇七、一―一三頁。

渡部雪子・永井智・桑原千明「大学生における援助要請の方法と適応との関連の検討」『立正大学心理学年報』四、二〇一四、四五―五二頁。

Young, K., *Caught in the net: How to recognize the signs of internet addiction and a winning strategy for recovery.* New York: John Wiley & Sons, 1998.

第12章 ネットワークの観点からみた学級集団の不適応予防機能

第1節　学級集団の不適応予防機能

学級という集団は、集団であるがゆえに子どもたちに不適応をもたらしうる。同調圧力、逸脱者の排除、優劣の評価とその懸念、対人葛藤、下位集団間の衝突など、子どもたちの学校生活に影を落とすこれらはすべて、集団の中で起こる事象である。しかし、集団であることはまた、不適応を予防するさまざまな資源と機会を成員に提供しうる。

(1) 学級の集団機能

①学級集団の特質

学級は、多数の同年齢の子どもたちと、一人あるいは複数の教師から構成される集団である。学習活動や学級活動をともにおこない、一日のうちの長い時間をともに過ごすこの独特の集団は、その特質として、次のような特徴を備えている。

①多様性：異なる背景や価値観をもつ多様な教師・級友が集まっている。
②交流内容：それゆえに、彼らからもたらされる認知、評価、受容、おこなわれる交流も質的量的に豊富である。

③課題の共有：課題を共有し、協同によって達成経験を得る。
④同質性：一方で、メンバーの固定性、一つの学級という括りとしての閉鎖性、年齢等の同質性、それゆえに生じる規範の遵守と逸脱への圧力、評価懸念などが、子どもに特定の方向での行動を起こさせる。それはときには感化あるいは薫化といわれる肯定的な方向への動きをつくり出す。
⑤欲求の達成：これらの過程において、個人の欲求が充足されたり疎外されたりする経験をする。

②学級の不適応予防機能

こうした特質をもつ学級は、教育目標のもとで子どもたちが育つ教育集団でもある。学級は子どもたちに集団経験と、そのなかでの知的、身体的、社会的発達を促す。集団であることで、学級は発達の過程にある子どもたちに対して有効な教育機能をもつのである。特に心理社会的な発達に着目すれば、先の学級集団の特質は、次のような能力・スキルや態度の獲得を促す機能をもたらす（越 二〇一四）。

①多様な交流の過程で信頼、受容、肯定的関心、支援が交換される。
②同質な他者、類似他者が存在することによって、自己の妥当性の強化と自己への肯定感が得られる。
③同質な他者、類似他者による感化・薫化によって、視点が転換されたり新たな行動が展開されたりする。
④相互作用の繰り返しのなかで、適切な能力やスキルの獲得が可能になる。
⑤それらに支えられた達成や欲求充足を経験できる。

他者からの肯定や自己肯定を得ながら、社会経験を積み重ね社会化されていくプロセスは、学級適応ひいては社会における適応のプロセスである。その意味で、これらの能力・スキルや態度を育てる学級集団は、不適応予防機能をもつといえる。

③不適応予防のための学級の要件

すなわち、子どもたちの学級不適応は学級集団の機能不全の結果ともいえる。実際のところ、学級経営にすぐれた教師の学級では、こうした学級集団の特質が巧みに用いられ、不適応予防機能が有効にはたらいている様子がみてとれる。このことは、学級が不適応予防機能をもつためには、学級が集団として機能していること、少なくとも学級成員間に相互作用関係が成立していることが必要であることを意味する。先述のように、子どもたちに適応的な能力・スキル・態度の獲得や適応的環境をもたらすのは、集団のなかでの、自他に関する多様な認知・評価・受容、多様な方向への行動の展開、その結果として得られる多様な達成経験や感情体験であり、それらを子どもたちは級友たちとの相互作用のなかで獲得する。学級メンバー間に相互作用があり、共通の経験と感情や情報の交換が可能であって初めて、学級集団の不適応予防機能は作用する。そして、学級においておこなわれるさまざまな学習活動や学級活動は、学級をこのような予防機能をもつ集団につくりあげていく、教育的活動なのである。

（2）学級内の相互作用関係

子どもたちの間に相互作用を可能にするには、ある程度の親密さが必要であろう。情緒的で共同体的な親密さは安心をもたらす（例えば山岸　一九九九）。他者との親密な関係をもっていればこそ、適切な他者理解や対人スキルの学習も可能になり、積極的な対人行動も可能になる。仲間が学習グループにいれば、意見を否定される恐れを感じにくいし（Hamm & Faurcloth 二〇〇五）、知識創造と学習を目的として自発的に参加する、いわゆる実践コミュニティでさえも、メンバー間に相互信頼があることで安心して発言し質問もできる（Wenger, McDermott, & Snyder 二〇〇二）。たしかに、学級成員が親密な関係であることは、学級を凝集性の高い集団として成立させる基盤となりうる。むろん、学級内ですべての人に親密さを感じることは容易ではないし、また、必要でもないだろう。他者との間に親しさの濃淡があるのは、社会において当然のことである。しかし学級集団においては、少なくとも相互作用が可能な程度には親しい関係が築かれていることが重要といえる。

また、その際の相互作用は、学習活動や学級活動を進めていくための情報のやり取りであることもあれば、感情のやり取りであることもある。ソーシャル・サポート研究において、ソーシャル・サポートには道具的サポートと情緒的サポートが区分されている。人を支えるものは、ときには具体的で道具的な情報や行動であり、ときには情緒的ないたわりや共感である。学級の子どもたちを動かし育てていく相互作用もまた、課題を教え合うなどの道具的相互作用と、一緒に笑いあうといった情緒的相互作用とに分類される。

第2節　学級が学級集団になるためには

(1)　共通アイデンティティ・グループとしての学級

ところで、学級はその成立機序から共通アイデンティティ・グループ（common-identity group：以下、CIGと記す：Prentice, Miller, & Lightdale 一九九四）といえる。CIGとは、一般的には人種カテゴリーやスポーツチームなどが例として挙げられ、内集団の特徴が外集団との関係や差異によって決定される集団をさす。人種カテゴリーならばその人種の特徴によって、スポーツチームならば例えばその名称を名乗りユニフォームを着ることで、その集団は他とは区別されうる。学級は、○年○組という名前をもったカテゴリーとして他と区別されることによって成立した集団である。メンバー間に何らの心理的関係がなくとも「ウチ」と「ソト」とに区切られて、子どもたちはそのカテゴリー名によって自分たちは○年○組の生徒だと自らを定義づける。これに対して、友人集団のように、メンバー間での相互作用やそれに伴って生じる愛着や親密感を基盤とする集団を共通ボンド・グループ（common-bond group：以下、CBGと記す：Prentice et al. 一九九四）という。

子どもが「ウチ」としての学級に対して社会的アイデンティティをもつことは、適応的といえる。自分は他のどこでもない○年○組の生徒だと思える場所をもつことだからである。しかしながら、○年○組というカテゴリーがその子どもにとって単なる記号でしかないのであれば、それは必ずしも適応を促すものではない。

人は、自身が所属する集団について、「ここがあなたの属す集団ですよ」と社会的に区分されれば、必ずそこにアイデンティティをもつようになるわけではない。カテゴリーのメンバー間で愛着関係ができた結果として、そのカテゴリーに対して社会的アイデンティティをもつのである（Prentice et al. 一九九四）。すなわち、外的にカテゴリー化されたグループにおいて、メンバー間に何らかの愛着が形成されるような活動があってこそ、そのグループは一つの「自分が所属する」カテゴリーになりうる。それゆえ、学級担任は学級開きの当初から、子どもたち同士の相互作用を生み出し愛着が形成されるようなさまざまな働きかけをおこなう。

結城（Yuki 二〇〇三）は、北米などの個人主義的（individualistic）文化のもとでは、集団間比較が内集団アイデンティティの基盤となりうるが、日本など東アジアの集団主義的（collectivistic）文化では、集団内の協同行動や協調関係とそのネットワークが、その基盤となりうることを示唆している。比較文化的議論は本章で取り扱う範囲ではないが、日本の学校の子どもたちにとって、学級集団に対するアイデンティティは、たしかに学級内の協同と協調によって高められる。例えば体育大会の学級対抗リレーが彼らの学級意識を盛り上げるのは、それが学級対抗だからだけでなく、学級のみんなで力を合わせるからである。つまり学級対抗リレーなどの学級活動は、まさに、単なる記号としての学級を、自らが所属し、そのメンバーとして活動する「私たちの学級」という親密な集団にするのである。そうなって初めて、子どもたちはその協同と協調の関係性のなかに自分の位置や役割を見出し、自らの所属する学級への社会的アイデンティティを獲得することができる。

（2）学級における共通ボンド・グループ

一方で、学級には、ＣＢＧが学級の下位集団として自然発生的に複数存在する。それにはいわゆる仲良しグループとして、親密で楽しい安心を提供する下位集団も含まれる。先述のように、学級成員間に相互作用関係が築かれていることは学級集団が機能するための基礎といえる。しかし、学級内で多くの成員と相互作用のできる関係をもつのは難しい。なぜなら、仲良しグループは往々にして、外部に対して閉じているからである。特に女子は自分の仲良しグループから受ける制裁を気にすると、他グループとの相互交流が少なく、集団透過性が低下する（黒川・三島・吉田 二〇〇六）。相互作用の具体的な形として、例えば援助行動も、親密でない他者に対しては、親密な他者と比べて生起しにくい（Staub 一九七九）。学級において集団機能が発揮されるためには学級成員間で広く相互作用が必要であり、したがってそのためには、仲良しの親密なグループが学級に対して開かれた集団になることが必要である。

（3）相互作用関係の構築の具体例

このように学級集団においては、親しいCBGも内包しつつも、より広い相互作用関係が構築される必要がある。学級集団機能が発揮されるために、メンバー間をつなぎ、情報あるいは情緒の相互作用が可能な関係がつくられていなければならない。そしてそうした相互作用関係を学級内に構築し、学級を学級集団にするのが、学級でおこなわれるさまざまな学習活動や班活動、係活動などの学級活動である。以下に、数名の現職教員からの聞き取りによって得られた、「子どもたちをつなぐ」学級活動の具体例をいくつか挙げる。

①グループ学習や係活動による関係構築

教師はしばしば、学習目的で、生徒たちの人間関係を全く考慮せずに学習グループを編成する。その結果として、学級に新しい友人関係ができることも多い。

学級というCIG内にはもう一つ、外的につくられる下位CIGがある。授業での学習グループであり、学級活動と

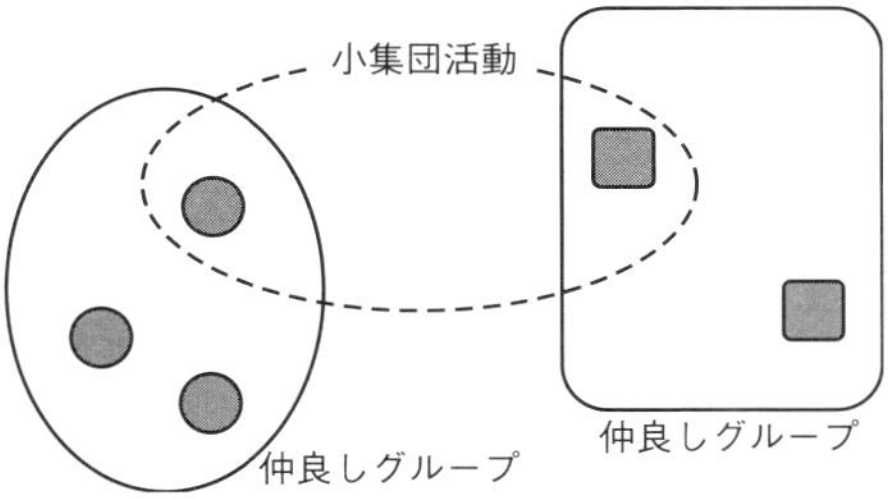

図 12－1　小集団活動による関係構築

しての生活班や係集団である。このような小集団は、子どもたちの仲良しグループとは無関係に構成され、一つの目標を共有する協同集団である。学習課題や係活動という目標達成のため、メンバー同士が協力し合う。その過程で、自身の仲良しグループのアイデンティティに対する脱カテゴリー化と、学習や係活動で協同したグループに対する再カテゴリー化がなされることになり、その協同メンバーに対して好意と愛着が形成される（越 二〇一三）。既存の親密な仲良しグループが解体されるのではなく、各仲良しグループから一、二人のメンバー同士が集められて協同行動をおこなうことで、そこに新たな愛着関係が形成されていくのである。学級内でこうした小集団活動が繰り返しおこなわれることにより、仲良しグループはそのままに、さらにそれを超えた新たなＣＢＧがつくられていくといえる（図12－1）。

②ジグソー学習法を援用した学級活動

> 学級開きのときに学級目標を生徒たちで決める際、文面をいくつかのパートに分けて各生活班に割り振り、班ごとに担当パートを考えさせる。班メンバーは当初は名簿順に決められていることも多いが、それまで話したこともない者同士であっても、協同によって班内の相互作用関係ができる。さらに、各パートを合わせて完成させた学級目標に対して、全員が自我関与できる。

協同を促す活動としてジグソー学習法（Aronson, Blaney, Stephan, Sikes, & Snapp

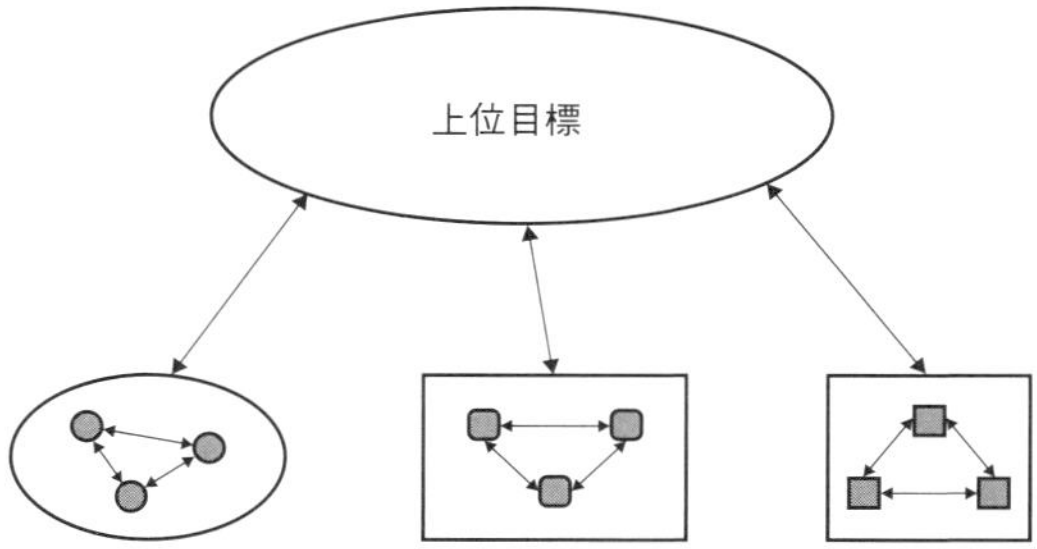

図 12－2　2 種類の協同による関係構築

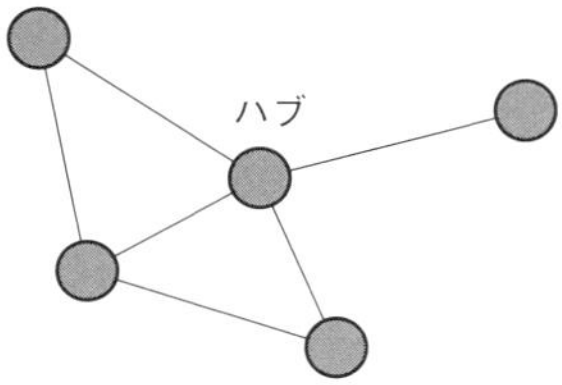

図 12－3　つなぐ役割の配置による関係構築

一九七八）が有名である。これは、学習活動に限らず学級活動においても応用が可能である。右の事例は、学級目標という上位目標をジグソー学習法を援用して作成するものである。班内でのパート作成の協同と学級全体での学級目標作成の協同の、二種類の協同学習となっている（図12－2）。その過程において、班のメンバー間でお互いの価値観や考え方の交流がおこなわれ、また、学級内でも、各班ひいては成員一人ひとりの学級に対する価値観や考え方の交流がおこなわれる。

③個人間をつなぐ役割の配置

> 孤立化傾向のある子どもがいる場合、同じ生活班に、その子と他の子どもとをつないでくれる、知的で行動力がある子どもや社交的で包容力のある子どもを入れる。どの子のそばに誰をつなぎ役として配置したらよいか、担任教師が班長などに相談してみることもある。

子ども同士を中継してつなぐ役割は、いわばネットワークのハブの役割である。その子どもを通して、班員全員が相互作用をおこなうことができる。その機能は、孤立化傾向の子どもがいる場合だけでなく、一般的に有効である。また、班内だけでなく、班外の子どもとのつなぎ役にもなりうる（図12－3）。

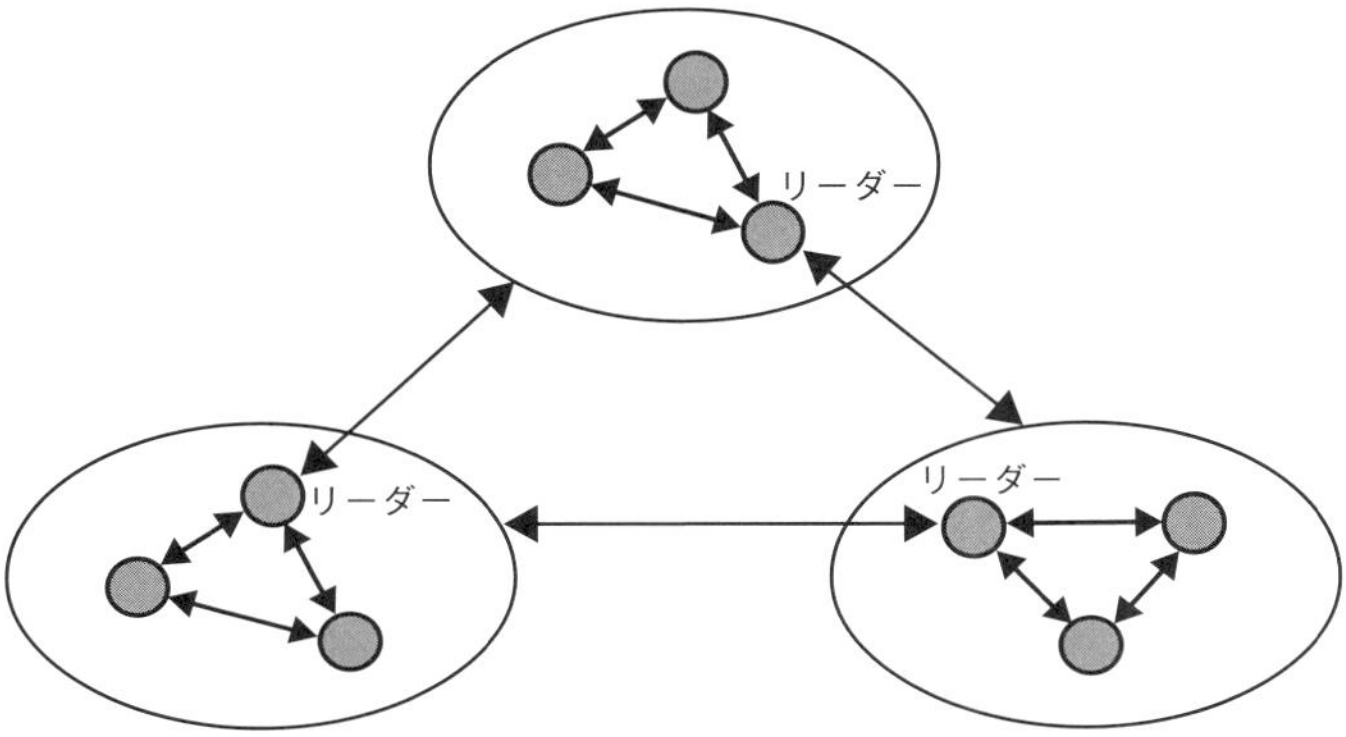

図 12－4　リーダーを介した学級全体の関係構築

④小集団活動を基礎とした学級全体の活動の活性化

学級で話し合いをさせようとしても、学級開き当初から学級全体で意見を出し合うといったことは難しい。そのようなときは、まずは数名のグループリーダーを教師が意図的に決め、次にグループメンバーを機械的に決める。そのグループごとに、リーダーのもとに話し合いをおこなわせ、グループの意見を発表させる。これを何回か経ることで、グループ内で意見を出しあったり聞きあったりすることができるようになり、学級全体での話し合いもできるようになる。

小集団での協同によって相互作用関係づくりが促される。その際、まとめ役かつ学級全体に向けての発言ができるグループリーダーを置くことで、そのリーダーを通して、グループは学級に向けて自分たちの発言をすることができる。これを学級として俯瞰してみれば、各グループが学級全体と相互作用しているといえ、また、一人ひとりも学級の話し合いに関与し参加しやすくなると考えられる（図12－4）。

（4）学習活動・学級活動による学級集団の形成

学級集団は、本来、相互に無関係の個人が集められた、寄せ集め集団である。その中に、いくつかの閉じた親密関係が偏在している。同じ地域で育った子どもたちは、小学校で各学級に数名ずつ振り分けられ、同じ小学校出身の子どもたちも、中学校の各学級に振り分けられる。進級してあたらしい学級編成がされたときも、親しかった級友たちは各学級に振り分けられる。その結果、学級内には顔見知りや親しい友人が数名と、その他のそれまで交流をもったことのない者たちばかりとなる。このままでは、機能する学級集団になるのは難しい。しかしながら教師の学級経営のもと、学習活動や学級活動がおこなわれることによって、子どもたちの相互作用関係はつくられていく。学習グループでの活動や生活班・係集団での活動など、異なる小集団での活動がなされることで、異なる相互作用関係が次々とつくられ、相互作用の可能な関係が広がっていく。学習課題を教え合い、生活班で議論した意見を学級全体に問いかけ、係の目標を達成するために協力し、その中で冗談を言い合ったり失敗を慰めあったりする関係は、まさに道具的相互作用であり情緒的相互作用がおこなわれる関係である。やがて学級全体に相互作用関係が形成され、すなわち成員同士が有機的につながった学級集団が形成されることになるのである。

第3節　スモールワールド・ネットワークによる学級の活性化

（1）学級内ネットワークの構築

このように、学級でのさまざまな学習活動や学級活動は、子どもたちが自発したCBG内のみに閉じこもることなく、広く多様な学級メンバーとの相互作用を可能にするものといえる。一人ひとりの子どもが学級でのいくつかの協同を経て次々につながっていく様相は、まさに学級内ネットワークの構築である。

新しくつくられた学級において、子どもは心理的あるいは物理的に自身の近くにいる人とのみつながっている。この少人数の集団はネットワーク理論においてクラスターと呼ばれ（増田 二〇〇七）、本章でのCBGに対応する。クラスター内での相互作用は円滑かつ楽しい。しかし、クラスターメンバーがもつ知識やスキル、共感や好意といった、メンバー同士で交換できる資源には限りがあり、道具的にも情緒的にも互いを十分に支え、啓くことができない。しかしながらメンバーのだれかが、学級活動などでクラスター外の級友との間につながりをもっていれば、クラスターメンバーはそれを媒介として学級と広くつながることができ、級友たちとの間に相互作用関係をもつことが可能になる。子どもたちは学級内の複数の相互作用関係からさまざまな資源を受け取ることが可能となり、それは不適応に対する予防効果をもちうる。

つまり、学習活動や学級活動とは、学級編成によってつくられた個々人の寄せ集めの学級集団を、ＣＢＧのネットワークにする行為といえる（図12－5）。子どもたちがグループ学習や班活動、係活動などによって、自分のＣＢＧ以外の級友と協同行動をすることで、そこで新たなボンド（bond）が形成され、その繰り返しによって学級の多くのＣＢＧが重なりながらつながっていく。仲良しグループやその他の自発したＣＢＧを解体する必要はなく、すなわち親密な関係を残しつつ、そのＣＢＧのだれかが他のＣＢＧのメンバーと、協同を通してつながるのである。それはいわば、ＣＢＧのスモールワールド・ネットワーク（Watts 二〇〇三）である。それは学級全体として相互作用が可能な関係性がつくりあげられることであり、一つの学級としてのアイデンティティの確立を促すことにもなる。

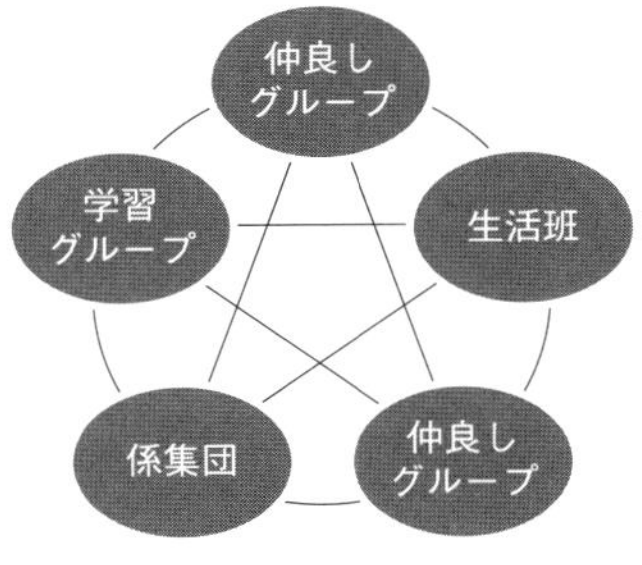

図12－5　学級内のスモールワールド・ネットワーク

(2) ネットワークのもたらすもの

学級の子どもたちがネットワークとしてつながることには、個々の子どもたちを学級という社会につなげるという意味もある。学級適応とは、級友や教師と単に楽しく快適な関係をもって生活することではない。学級は単なる仲良し集団ではなく、役割や責任を伴った一つの社会であり相互依存的に成立するコミュニティである。子どもにとって学級経験の意義のひとつは、学級というコミュニティのメンバーになり、コミュニティ感覚（sense of community）すなわち学級に対する主体性や自律性、相互依存の感覚（越 二〇一二）を育てることにある。グループ学習や係活動によって、学級という公共の場でさまざまな協力行動や協同行動をおこなうことは、相互依存的な役割関係を通して、仲良しグループの他にも自分が関与する社会集団を見出すことでもある。

ネットワーク理論では、組織あるいは社会において、どのような人と人とのつながりと情報の伝わりやすさが、創造的な発展のために重要であるかが論じられている。しかし学級集団においては、新しく相互作用関係がつながる重要性もさりながら、その新たな関係において、どのような情報が交換され、どのような活動が展開するかに教育的意味がある。すなわちネットワーク化することで、子どもたちの興味・関心、感情、価値観、行動様式などが交換され、浸透し、お互いを刺激し、啓かれる。そこに他者発見があり、自己発見がある。学習活動や学級活動は、新たな相互作用関係をつくり、そこでの協同行動と役割行動によって、子どもたちはさまざまな資源とさまざまな能力やスキル、態度や価値観を獲得して、個性と社会性を育てていくであろう。

集団としてよく機能している学級は、そのようにしてつくられたネットワークが多様に存在し、また、状況に応じてさまざまに活性化する。合唱コンクールでは指揮者と伴奏者を中心としたネットワークがつくられ、選曲や練習計画立案やパート練習がおこなわれる。運動会では運動の得意な子どもたちのネットワークが動き、全体練習がおこなわれ、競技ごとの練習がおこなわれ、大会当日は学級全員による熱戦が繰り広げられる。学級の課題状況や活動状況に応じて異なるネットワークが活性化することで、学級は異なる「顔」を見せ、異なる子どもたちが相互作用のなかで機能する。

従来、学級状況の把握は、凝集性やスクールモラールを指標としておこなわれてきた。つまり、よりよい学級状態は、学級全体がまとまって指向性のある状態であると考えられてきた。しかしながら、多様性に富み、複雑で、状況によって異なる顔を見せる学級こそ、学級集団として活性化して機能する集団といえる。この種の学級は、専制的な指導スタイルの教師の学級では出現しない。教師の要請に応えられる一部のネットワークしか活性化しないからである。特定の、力のある子どもたち主導の学級においても同様である。教師主導から生徒主導への学級展開を指導していくリーダーシップの教師の学級において、この種の学級は出現する。多様なネットワーク形成が促され、多様な相互作用が可能になることで、子ども一人ひとりがもつ資源も学級集団の資源も機能し、自律した学級集団が育っていく。

斯くして学級は、集団機能を備え、不適応予防機能を備えた学級集団になる。むろん、学級で新しくつくられた相互作用関係は学級内だけに閉じられたものではなく、学級外の人間関係に対しても、すなわち学校という社会に対してもスモールワールドを展開させうるものである。

引用文献

Aronson, E., Blaney, N. T., Stephan, C., Sikes, J., & Snapp, M. *The jigsaw classroom.* Sage Publications, 1978.（アロンソン、E.他　松山安雄（訳）『ジグソー学級』原書房、一九八六。）

Hamm, J. V., & Faircloth, B. S. Peer context of mathematics classroom belonging in early adolescence. *Journal of Early Adolescence*, **25**, 2005, 345-366.

越良子「学級コミュニティ感覚と学級内相互作用の関連　ソーシャル・サポートを指標として」『上越教育大学研究紀要』三一、二〇一二、七五―八二頁。

越良子「予防教育としての学級経営」山崎勝之・戸田有一・渡辺弥生（編著）『世界の学校予防教育』金子書房、二〇一三、三五五―三七四頁。

越良子「学級経営の予防教育機能」『日本学校心理士会年報』六、二〇一四、三五―四五頁。

黒川雅幸・三島浩路・吉田俊和「仲間集団から内在化される集団境界の評定」『名古屋大学大学院教育発達科学研究科紀要（心理発達科学）』五三、二〇〇六、一一―一八頁。

増田直樹『私たちはどうつながっているのか　ネットワークの科学を応用する』中央公論新社、二〇〇七。

Prentice, D. A., Miller, D. T., & Lightdale, J. R., Asymmetries in attachments to groups and to their members: Distinguishing

between common-identity and common-bond groups. *Personality and Social Psychology Bulletin*, **20**, 1994, 484–493.
Staub, E., *Positive social behavior and morality, Vol. 2, Socialization and development.* New York: Academic Press, 1979.
Watts, D. J., *Six degrees: The science of a connected age.* New York: W. W. Notron, 2003.（ワッツ、D.　辻竜平・友知政樹（訳）『スモールワールド・ネットワーク　世界を知るための新科学的思考法』阪急コミュニケーションズ、二〇〇四。）
Wenger, E., McDermott, R., & Snyder, W. M., *Cultivating communities of practice.* Boston, Mass.: Harvard Business School Press, 2002.（ウェンガー、E.、マクダーモット、R.、&スナイダー、W. M.　野村恭彦（監修）櫻井祐子（訳）『コミュニティ・オブ・プラクティス　ナレッジ社会の新たな知識形態の実践』翔泳社、二〇〇二。）
山岸俊男『安心社会から信頼社会へ　日本型システムの行方』中央公論新社、一九九九。
Yuki, M., Intergroup comparison versus intragroup relationships: A cross-cultural examination of social identity theory in North American and East Asian cultural contexts. *Social Psychology Quarterly*, **66**, 2003, 166–183.

第13章

子どもにとっての学級経験の意味するもの
―学級条件と子どものオートポイエーシス―

第1節　オートポイエーシスとは

「オートポイエーシス（autopoiesis）」とは、日本語ではなかなかなじみのあることばはみあたらないが、しいて置き換えると、自己製作、自己創出などと訳され、「自分を新たにする」という意味である。本来、このことばは学問的には生物学の分野において、チリのマツラーナとヴァレラ（一九九一、Maturana & Varela 一九八〇）が最初に用いた用語である。

ドイツの社会学者ニクラス・ルーマン（一九九五、Luhmann 一九八四）が『社会システム理論』において導入してから、人文社会系の学問分野で流布したこのことばは、いまやいろいろな分野で用いられており、わが国でも定着してきた。本章のテーマは、この概念を用いて、「子どもにとっての学級経験の意味するもの」、すなわち「子どもは学級条件によって自分をみる見方が変わってくること」を解題することである。

子どもにとって学校に入学することは、一番初めに家庭とは異なる学校システムという「公的」な状況に直面することである。学級という集団は、子どもにとっては公的なふるまい方、または公的な場面での社会的行動、ルールなどを学習させられたり、強いられたりする状況であり、学校・学級の規範やルールに則って行動することを余儀なくさせられる。そのため、それらの規範やルールは子どもたち一人ひとりの前に大きく立ちはだかり、彼らのふるまいに影響する。それによって、学齢期の子どもたちは、保護者の助けを借りずに、自分自身の判断でふるまいながら、学級社会、子ども社会で生活していくことになる。そうした学校・学級生活を通して、子どもは、自分をベースにした変容を遂げていく。そして、その変容が社会をみる目、他人をみる目、自分をみる目を変えていくことになるのである。この変容過程が、まさにオートポイエーシスといえる。すなわち、公的な状況からの要請を通して、「新たな自分をみる見方」を獲得していくことがその子どもの成長につながっていく。本章ではこのようなプロセスを、オートポイエーシスと考える。

第2節　学校教育から導く子どもの自己観

最近、学校が時代に合わない装置になってきたと指摘され、教育関係者は非常に心苦しい思いをしている。二一世紀の学校の目的は何だろうか。二一世紀を生きる子どもたちにどういったことを学んでもらい、どう成長を遂げてもらうことが、われわれの責務だろうか。

教育というものは、まさに予期を立てながらどう関わっていくかを考えて臨まなくてはならないものである。しかしながら、わが国の教育研究では、いろいろな教育の試みがなされてきたものの、その教育効果について定点観測を実施した報告はいまだにない。教育効果とは、五年後、一〇年後、二〇年後に現れてくるのであって、今ここで何か新しい考え方を導入し試行したからといって、それが今すぐ役に立つかはわからない。そのようにいわれながらも、じつはこれまで本格的に教育効果について検討してこなかった事実だけがある。

(1) 自己観のゆらぎ

現代日本社会には国民的な共通課題がなくなった、との指摘がある。日本は一九七〇年代から一九八〇年代にかけて戦後高度経済成長によって成功物語を入手し、そのことが安全・安定神話をもたらした一方、国家的な課題が非常に希薄となり、国民のあいだの緊張感や危機感を失わせることになったといわれる。

このことが、われわれの「公的」「公共的」な意識の希薄さをもたらしている。例えば、電車の中で高校生や若者が化粧をしている。電車の中は公共的な空間である。高校生の男子は立っていることができずに、入口付近にしゃがみ込んでいる。おとなはどうしているかというと、妊婦やお年寄を立たせて自分が座っている。そして、気づかいないふりをするために居眠りをしている。子どもはそういう公共的な場でわれわれおとながやってみせているマナーの悪さを自然に学習していくのである。

ところが、われわれは自分の行動に気づいていない。そのことがある種の公共的状況における秩序づくりや、私的な個人の状況と公共的な状況におけるふるまいの転換の仕方を、子どもたちにうまく学習させていないのかもしれない。

(2) アイデンティティのゆらぎ

また、現代社会においては、複雑化する社会のなかでの拠り所のなさ、言い換えるとエリクソン(一九七二、Erikson 一九五九)のいうアイデンティティのゆらぎが生じている。一九九〇年前後において東西冷戦構造が崩壊し、わが国においてはバブル経済がはじけ、それと同時に国単位、地球単位でのマクロ的な合同化と、非常にミクロ的な違いの先鋭化が世界的な規模で起こっている。そのなかでわれわれはどういったモデルに基づき生きていけばよいかの問題が生じているのである。すでにアメリカモデルは模倣対象になりえず、日本独自の生き方が求められている。

このような社会状況の著しい変化に応じて、われわれが新しい人間像を考える考え方にも大きな変化が生じている。現在、人間像に対する見方として、新たにオートポイエーシス的な人間像の見方が求められている。社会を生きていくうえで必要な自己観という観点からみると、以前は漠然とデカルト的な、人間には主体意識があるという考え方があり、日本でもそれを信じて疑わず展開している状況にあった。その後、主体意識への懐疑から、生き方そのものがアイデンティティの確立の過程だといわれ、アメリカの一九六〇年代の社会状況に、日本の一九七〇、一九八〇年代の社会状況がマッチするようになり、わが国でもアイデンティティ理論が流布するようになった。それはすなわち、社会に自分を適合させることによって自己規定する考え方であり、社会に存在するいろいろな考え方や役割を自分にあてはめる考え方で成立してきた概念である。

このアイデンティティの考え方に対して、ヴァレラ（Varela, F.J.）の考え方は次のようになる。ヴァレラは構造的なカップリングという概念を提案している。彼によると、世界に埋め込まれたもの、所与のものとしての世界は、人間自らの行為によって構造的にカップリングし創出されていく。そこには、世界を所与のものとは考えずにそれを自らのものとして主体的に組み替えようとする、ポジティブな人間像がイメージできる。それは、世界が所与のものであり、自己の存在とは切り離したところで物語が紡がれているとはみなさず、行動（イナクト（enact））することによって世界を創出しようという人間観に支えられている（Varela, Thompson, & Rosch 一九九一、一九九三）。もちろん、エリクソンのいうアイデンティティ論とヴァレラの人間の主体性を大きく打ち出したオートポイエーシス論に基づく構造的カップリングとでは、似て非なるところがある。

しかし、今度は一九九〇年代に新たに環境問題が出現してきたあたりから、アイデンティティ理論では説明がつかないのではないかという問題点が指摘された。

環境問題は、わが国では以前は一九六〇年代に公害問題が取り上げられ、一九九〇年代には世界的規模で二酸化炭素排出規制問題が取り上げられた。環境という概念の出現によって、われわれは二一、二二世紀を生きる子孫にどう地球環境を保全しておかなければならないかという、新しい考え方が出てきたのである。自分と環境、特に環境から人間、つまりは自分に対する要請のなかで、どのように自己の境界、領域を設定して生きていくのかが問われ出したといえる。

日々の学生との接触のなかでもわかることであるが、学生はわれわれが期待するようには行動しないし、教師が望むように意思決定しない。彼らは自分で境界を引く。自分のふるまいの、生き方の境界を引くのである。学生は、社会からの要請、親との関係、自分の生き方、そこの境界を自分で決めていかなくてはならないのである。

(3)自己参照－自己創出モデル

ルーマンのオートポイエーシスの概念によると、自己創出を生み出す個人と社会の相互影響に関する概略的なシステムは、われわれに社会的な要請を与えている。学校に行くと先生がいて、学級の中に入らないといけない、勉強しないといけないなどの、そこでの社会的要請または課題が与えられる。その要請に対して自分なりにどうふるまえるのか、自分のなかで何ができ、何ができないのかについて探すこと、理解することが必要になってくる。

例えば、子どもは親や先生から勉強しなさいといわれても、自分自身が六十～七十点ぐらい取ればよいと思っていれば、それに見合うような行動しかしない。つまり、要請と自分のなかの考えとが対応するところで、行動が出てくるというわけである。しかしながら、その行動を先生や親が良しとせず、もっと要求水準が上がると、自分のなかの「これで良い」という基準を変えざるをえない。その基準を変更して、新しい行動に突き進むことになる。そのとき、新しい行動を獲得するためには、他のモデルを採用するか、自分のなかの別の基準を自分の参照点に切り替えることによって、われわれは新しい行動をおこなうのである。しかし、そのプロセスは試行的である。例えば、今までより三十分長く勉強しようとか、先生の話をもっと注意深く聞いてみようというようなものである。そうすることで、月日を重ね、成果が徐々に定着し自覚できるようになると、別の基準への自己参照点が切り替わることになる。筆者は、この考え方を自己準拠に基づく自己参照－自己創出モデル（蘭　一九九九）と呼び、人が新たな集団の中に入ることを通してこのモデルが作動していくのだと考えている。

近代的主体性の考え方を提案したフーコー（一九七七、Foucault　一九七五）は、近代的主体のモデルとして「パノプティコン（一望監視装置）」の監獄を取り上げた。そこでは、囚人の反省的思考が囚人と看守の特異なコミュニケーション構造に規定されていることが示されている。フーコーによれば、パノプティコンの中では、囚人が看守に一方的に監視されているが、看守に対する服従（subjection）が囚人を主体（subject）化させる契機になるという。囚人は看守をみることはできない。看守が自分をどのようにみているのかを知るには、看守の立場に立って自分自身をみなければならない。こうして、視線の一方向的コミュニケーション構造が、近代主体を特徴づける反省的思考を生み出したのである。

社会学にオートポイエーシス論を導入したルーマンの考え方としては、人間は、自己の諸行為を選択的に結合する場合にも、自己の行為を他我の観点からコントロールする必要があり、また他方では、行為が当該の社会システムのなかに組み込まれている必要があるという。フーコーが洞察したのは、近代的主体が自己を監視する他者の視点を取り入れることによって反省的意識を獲得し、その反省的意識に裏打ちされて自己の主体性（自律性）を確立することであった。どのような状況においても一貫した行動をとれる近代的主体の自律性は、個体的な自律性の一つの特殊形態であるが、個体的行為連関のあり方は、どのような場合であれ、社会的行為連関のありかたと関連していると考えた方がよいであろう。

これらの思想はきわめて示唆的である。それは、人間の行為に関する意識のありようや、行為選択に関するものが反省的な思考によってなされているということである。換言すると、他我の観点からのコントロールが自己の行為には不可欠であることが盛り込まれ、自己の行為には他者の関与が不可欠であることが示されている。自己準拠概念そのものが、自らの確立した意識やコミュニケーションのシステムの作用に対する概念であるともいえる。自己準拠という反省的な意識をもつことによって他者の視点を取り入れることができ、それによって自己準拠が確立していく意味において、まさにこれこそ自己準拠のオートポイエーティックな側面が強調されているといえる。

第３節　「閉じられた学級」と「開かれた学級」

次に、学級の意味を考える。学級は、子どもが初めて触れる公的な場である。公的な場には要請がある。われわれは、その要請によって、異質な自己像を発見する。学級状況に入ることによって異質な自己に出会い、その異質な自己像を経験することが、自己に対する新たな発見の契機となる。他者への気づき、社会の発見、別の自己の発見などが生じてくる。このようにして、子どもたちは公的なふるまい方や新しい行動様式を獲得するのである。

（１）教師と学級集団

教師は、新しい公的状況のなかで、子どもにいろいろな経験をさせるためにどう学級状況を仕組めばよいだろうか。一つは、学級の他の子どもたちに一番影響力のある子どもと関わることで、学級規範をつくっていくことである。その関わりがうまくいけばいくほど、その子どもは信頼関係を形成し、教師の期待に沿った行動をおこなう。これが教師と子どものミクロな相互作用であるといえる。そして、この相互作用は、他の子どもたちがどう受け取るかという二次の影響作用を引き起こすことになる。そのときの教師と生徒の関わりが他の子どもたちにも受け入れられると、その学級では共通のルール、規範がうまく受容される。

教師は学級の中でいくつかの仕組みをつくっている。そのときのやり方は、ミクロ‐マクロな相互作用といったテクニックを使っている。具体的には、学級の中である子どもとうまくコンタクトを取ること、そして学級の運営の中でその力を発揮させる場をつくっていくことによって、学級のなかにある方向性を見出しているのである。

表13－1 〈閉じられた〉学級の特徴（蘭，1999）

〈閉じられた〉学級（参照点が自己の外部にあることが階層性を生じさせる）
・動かない学級の像
・固定的な人間関係
・頑なな階層性
・ゆらぎのない閉塞感，緊張感
・個人が自己を参照点とせず，他人の目（評価）を気にする

表13－2 〈開かれた〉学級の特徴（蘭，1999）

〈開かれた〉学級（参照点が自己にあることが自己創出を生じさせる）
・開放的な雰囲気
・自由な相互交流
・新たな秩序の出現
・プロセス変化と進化
・自己参照と進化する自己
・自己を触媒にした自己創出性

(2)「閉じられた学級」と「開かれた学級」

複雑系の考え方をベースにした、子どものオートポイエーシスを生み出す学級論がある（蘭 一九九九）。そこで論じられた「閉じられた学級」とは、典型的には管理的な統制の強い学級である。学級は、教師の力が非常に強い場合と、教師の力が弱く、一部の生徒が学級を牛耳っている場合がある。生徒たちはその圧力の力学に基づいて、その学級の中に居続けなければならない。一年間または二年間、六年間もち上がりのばあいは六年間、ある特定の人間の支配下で生活することも起こりうる。

ところが、もう一方の「開かれた学級」の特徴は、自己参照点が自己にあることで自己創出をもたらしている点にある。オートポイエーシスを引き起こす開放性、自己組織化、自己触媒という三つの条件が重なってくるときに、子どもたちは自分についての新しい見方を獲得する（表13－1、表13－2を参照）。

蘭（一九九九）では、この「開かれた学級」「閉じられた学級」の概念をベースに、自分の今までの教育体験を学生に思い出してもらい、そのデータについて分析している。その結果、明らかにされたことの一つは、「開かれた学級」と「閉じられた学級」体験の弁別は個人によって違うことであった。非常に支配的な教師が合う生徒もいた。二つに、教師が強制的な指導をおこなう学級は、やはり「閉じられた学級」と認識されやすい傾向にあった。三つは、教師が仕組み、集団のまとまりを高めるための行事を計画することは、固定化されがちな学級状況を変革するエネルギーをもつことであった。そして、「閉じられた学級」から「開かれた学級」への転換には、教師が決定的な主導権をもっていた。学生の回想によると、ある体格のすぐれた子が学級を長く牛耳っていて、あるときその子によるある女の子へのいじめが発生し、別の男の子がそのいじめっ子に立ち向かい、簡単に負けてしまった事例がある。そのとき、今度は女子生徒が団結して教師に事の子細を報告することで、教師がそのいじめっ子と話し合いをもつようになり、いじめの状況が解決されたという。この例から明らかなように、学級変革への決定的な主導権は教師の手に委ねられている。教師が有効な手だてをもつことが、学級を変えていくためには非常に重要といえるだろう。

第4節　子どものオートポイエーシスの産出と教師のリーダーシップ

学生の回想にみられた教師の指導のありかたは、三つに分類される。一つは生徒に干渉せず自由にさせる自由放任の場合である。二つは、課題を与えて目標を示し、教師も取り組むことで学級をドライビングさせている場合であり、三つは、生徒の逸脱を恐れて自分の設計したシステムを構築し、それに合う行動しか容認しないという統制タイプの場合であった。これらのなかで一番望ましい指導は、学級をドライビングさせている場合である。残り二つは生徒の側からみると、あまり意味がないだろう。いわゆる自由放任の場合は、自由にさせているが、志向性が示されてない。統制管理型タイプは、教師の強制している範囲とルールのなかで生きろということであり、子どもにとっては息苦しいばかりであろう。

学級をドライビングさせるありかたとは、学級行事などを中心に学級を活性化させていく場合のやり方として、クリーチャータイプの集団活動の形を取っていると思われる。クリーチャータイプとは、火星探査機のロボットのクリーチャーという名前にちなんだものである。ロボットを動かすに際して、ヒエラルキー型の、すなわち学級があって学級委員がいて、班があって班長がいて班員がいるという形のソフトを組んでいると、ロボットが一メートル歩くのに長時間かかってしまうという。

ところが、このクリーチャー型ロボットは、ある方向に向かって進みなさいという命令を与えておき、かりにそこで障害物があったとしても、止まらずに反転してその目標の地点の方向に進みなさいと命令しておくと、目標地点まで数分で行ってしまうことが可能となったというのである。このクリーチャー型で学級行事をおこなう場合は、学級のなかの一人か二人が中心となって動き、それに対して他の生徒たちが指示を受けながら共同する形を取ることになる。スポーツならスポーツ、音楽なら音楽を得意分野とする人たちを中心に組んで、他の子どもたちをそれに参加させて活動させるのである。そして教師はそれをサポートするシステムであるため、一番動きやすいかたちになると思われる。

先述の、課題を与えて目標を示し、自らも取り組むことで学級をドライビングさせるという教師は、このクリーチャー型システムを多用しながらうまく学級の活性化をおこなうことができる。いろいろな学級のなかにいろいろな子どもがいて、状況や課題によって、それを得意とする数名の子どもたちの能力や好みに合わせて行事を仕組んでいくのである。このことは、他の子どもたちにとっては、中心となっている、その力のある子どもの立場から自分を見直すことになり、自分のなかの自己参照点が何であるのかを見直すきっかけになるのではないかと思われる。

学級には三十人を超える生徒が集まり、そのなかに教師がいる。教育活動は、子ども同士が出会う場を教師が仕組むことで、子ども自身が自分のなかにあり、しかし未だ気づいていない参照点を見出していくプロセスでもあるだろう。それがオートポイエーシスにつながっていき、自分についての新しい見方、社会についての新しい見方をもたらすのではないかと思われる。

引用文献

蘭千壽『変わる自己 変わらない自己』金子書房、一九九九。

Erikson, E. H., *Identity and the life cycle.* New York: International Universities Press, 1959.（エリクソン、E．H．小此木啓吾（訳編）『自我同一性 アイデンティティとライフ・サイクル』誠信書房、一九七三。）

Foucault, M., *Surviller et punir: Naissance de la prison.* Paris: Éditions Gallimard, 1975.（フーコー、M．田村俶（訳）『監獄の誕生』新潮社、一九七七。）

Luhmann, N., *Soziale Systeme: Grundriß einer allgemeinen Theorie.* Frankfurt: Suhrkamp, 1984.（ルーマン、N．佐藤勉（訳）『社会システム理論下』恒星社厚生閣、一九九五。）

Maturana, H. R., & Varela, F. J., *Autopoiesis and Cognition.* Boston, MA: D. Reidel Publishing, 1980.（マツラーナ、H．R．&ヴァレラ、F．J．河本英夫（訳）『オートポイエーシス』国文社、一九九一。）

Varela, F. J., Thompson, E., & Rosch, E., *The embodied mind: Cognitive science and human experience.* Cambridge, MA: MIT Press, 1991, 1993.（ヴァレラ、F．J．、トンプソン、E．、& ロッシュ、E．田中靖夫（訳）『身体化された心—仏教思想からのエナクティブ・アプローチ』工作舎、二〇〇一。）

第14章　学級におけるネットワーク構築とルールづくり

第1節　ネットワークは社会の資本

(1) ソーシャル・キャピタル

ロバート・パットナム（Putnam, R.D.）は、その著書でアメリカの社会における人間関係、言い換えると、人と人とのつながりを表す人間関係のネットワークの希薄さを大量のデータを用いて証明した。彼は、人間関係のネットワークがいかに希薄になっていったのか、そしてどのようにしたら人間関係を再構築できるかについて、『孤独なボウリング』（二〇〇一）というショッキングなタイトルの著書でアメリカ社会の現状を考察し、ソーシャル・キャピタル（social capital）ということばを定着させた。このソーシャル・キャピタルという用語は、今のところ、稲葉（二〇一一）によれば、「社会関係資本」という訳語がもっとも近いと思われる。定義に関しては、パットナムは、ソーシャル・キャピタルを「人々の協調行動を活発にすることによって社会の効率性を改善できる、信頼、規範、ネットワークといった社会組織の特徴」といい表している。簡単にいうと、「人と人とのつながりが社会における目的達成のためのエネルギーの一つになる」ことを表しているといえよう。

パットナムは『孤独なボウリング』のなかで、近年自治的な組織への参加率が減少し、人々のあいだのつながり感が減少していると指摘している。人間関係のネットワークが希薄化してきた理由として、世代間の価値観の変化、テレビの影響、女性の社会参加、人口の郊外への流出などをあげている。そして、こうしたソーシャル・キャピタルの衰退を食い止めることが必要だと訴えた。

彼は、イタリアを主な研究対象にした『哲学する民主主義』(一九九四)で、ソーシャル・キャピタルのもつ大きな働きについて述べている。すなわち、内閣の安定性や予算の執行状況、新しい制度の導入などの指標を基にしながら、それらの達成と投票率、自発的な組織加入数、新聞購読率などのいわゆる市民度指標とのあいだに強い相関があることを発見した。そして、市民共同体的なネットワークが強い地区では行政のパフォーマンスが高く、それには他者への一般的な信頼感、互酬性の規範があること、多くの自発的な組織の存在とそれらの対等な関係性、そしてこれらの総体であるソーシャル・キャピタルが効果的である、と指摘している。

市民のネットワークのレベルが社会や政治におけるパフォーマンスの向上に影響を及ぼしている結論には、賛成意見とともに反対意見もある。それでも、ネットワークの強さがその社会に一定の効果的な影響を及ぼしている知見は理解できる。人間関係のネットワークの構築と拡大が社会的に望ましい雰囲気を醸し出し、それによってさらにネットワークが強化されるという再生産がなされていくのである。逆に、人間関係のネットワークが失われると、人々は孤立感をもち、他者に対して無関心であるとともに自分の存在さえも否定しがちになることは十分にうなずけることだ。

(2) 人間関係のネットワークの希薄さと「学級王国」

集団の連帯感がもつ効果は目にみえるモノだけではなく、安心感や安らぎなどの精神的な部分でも生み出される。ところが、集団はときとして効用ばかりではなく、人々を苦しめる原因ともなることがある。

学校に関していえば、いわゆる集団主義が過度に行き過ぎると、ある種の「学級王国化」してしまう。子どもにとってある先生は絶対で、その先生のいうことしか聞かない、といった学級をつくってしまう教師をみることがある。学級王国ではなくとも、集団の意思決定がすべてを管理するようになってしまうと、その学級の雰囲気は良いものとはならない。集団志向が同質性の強要や共通の価値への服従を生んでしまう。従属的であることを強いてしまうことになる。

自分の所属する集団への忠誠心が強く相互に拘束的であるほど、外部の集団や個人への思いやりや信頼感は減少する。やがて、その集団は他の社会から孤立してしまい、自分たちの集団がその内外に及ぼしている差別や偏見、排除などよくない影響に目が向かなくなってしまう。「自分たちの行為は正しいのだろうか」と、常に自らを相対化し確認することができないような集団への帰属の仕方は、誤ったアイデンティティを生み、排他的になっていくのである。

人間関係の希薄さは、個人主義を追求することによる人と人とのつながりの希薄さからも、過度の集団主義からも生じる。より民主的で、メンバーとの合意形成や了解をベースにした集団の運営が求められる。それでは、いったいどうすればよいのだろうか。

第2節　学級のルールづくり

(1) インナー・ルールとアウター・ルール

幼稚園や保育施設を含めた広い意味での学校は、子どもたちが初めて出会う公的な集団生活、集団教育の場である。それまで家庭内で育ってきた子どもたちが外に出て、新しい環境に直面する。そこには集団としてのルールが存在し、教師によってルールを守ることが指導される。そのルールへ適応できるかどうかが、その集団に適応できるかどうかに大きく影響する。井原（二〇〇九）は、ウィニコット（一九七九、Winnicott 一九七一）の「インナー・ルールとアウター・ルール」の考え方を援用してルールについて考察している。彼によると、インナー・ルールとは、「さまざまな意味で自分たちを守ってくれる、もともと心に備わった自然なもの」である。その一方で、アウター・ルールは、「必要不可欠で、慣れてしまえば感じなくなるが、はじめは他から強制されたと感じられる」としている。学校に入学当初の子どもたちはまさにこうした心境にあるのではないだろうか。

学校や教室のルールは、本来、子どもたちの安心や安全を願って策定されるものである。そのため、「〇〇をしてはいけない」「〇〇しましょう」といった強要されるルールも少なくない。しかし、それが子どもにとって納得できない、受容できないものであるならば、外から押しつけられたものとしか感じられずに、出会いの場は強制の場となってしまう。幼児期のルールが家族を中心とした体験であるのとは対照的に、児童期以降のルールは社会での人と人との関係性のなかで紡ぎ出されるのである。小さいころに厳しくしつけられたことがいやでたまらなかったのに、物事を相対化してみることができる年頃となるにつれて、それが自分のことを考えてくれたうえでのしつけだったり、訓練だったりと気づくことで感謝の心に変わっていく。そのことによって、いやだと思っていた家族への感情が愛情に変わることをだれしも経験しているのではないだろうか。

ルールづくりが相互の了解としてその当事者同士のあいだでなされることが、関係性を重視したルールづくりである。これは、人間関係が希薄になってきたといわれる学級集団づくりの大きなヒントになる。教師が子どもたちのためにと考えているルールづくりは、子どもにとっては自分たちのためになっていると感じることが少ないのだとしたら、それは教師にとっても子どもたちにとっても不幸なことである。話し合い、妥協し合いながら、協働でルールづくりをおこなうことが、アウター・ルールをインナー・ルールへと引き寄せて理解していくことになるかもしれない。そして、そうした営みこそが、希薄になってきたといわれる教室内の人間関係を取りもどすきっかけになると思われる。

これまでの学校における指導は、特に集団指導という場合には、生活指導や集団づくりを指すことが多かった。学級のルールづくり、規範づくり、それをスムーズに進めるための集団のありようを検討することに主眼が置かれてきた。多くの人間が学級という場で共同生活をしていくのであるから、そのために必要なルールづくりをどうすればよいかを考えることは重要で、大きな意味のあることである。

しかしながら、それだけでは前述したようなアウター・ルールにとどまっているのではないのかの懸念がある。親や教師が、子どもたちのことを心配し、安全に生活できるように、よりよい学校生活を送れるように、とルールづくりをおこなったとしても、それが子どもたちに理解され、彼らの了解を得たものでなければ、押しつけられたと感じるのは仕方のないことかもしれない。

(2) 学級目標の定着過程

それでは、アウター・ルールはどのようにしてインナー・ルールになっていくのだろうか。

学校では、ほとんどの学級で学級目標が決められ、標語として掲示されている。決め方はさまざまであり、教師が提案することもあれば、子どもたちが話し合って決めることもある。学級目標は、目標という形で子どもたちの行動規準を示している。しかし、それがすぐさま彼らの行動規範として機能することはない。アウター・ルールがインナー・ルールになるためのプロセスが必要である。

岸野・無藤（二〇〇九）は、このプロセスを小学三年生の学級を対象とした観察調査で明らかにしている。この学級では、行動規準が三つの原則によって定められていた。三原則とは、命を大切に、心を大切に、人の勉強の邪魔しない、ことであった。一学期には、この三原則に触れる行為があったときは、そのつど、教師によって具体的な行為をこの三原則に結びつけて示され、各行為が他者や自身を害するものとして意味づけられ、三原則は教師の叱責や注意の根拠になるものとして位置づけられた。この三原則を用いることで、注意の根拠が教師の権力でなく、倫理的規範であることも示された。さらに、教師が自分自身の行動についても三原則の対象にしてみせることで、三原則が普遍的な規範であることが示された。

こうして徐々に、三原則は子どもたちに普遍的な倫理的規範として内面化されていく。二学期ごろになると、教師は、特定の子どもの行為を三原則に照らして賞賛したり、この学級が校長先生から褒められたことを三原則と結びつけて紹介したりなどしている。そうすることで、三原則は学級の方向性やトラブルの予防など、学級集団の動きを規定する核として用いられ、子どもたちもそれに言及するようになっていった。三学期には、子どもたちは独自の視点で三原則を用いることができるようになり、他者のものを自分の視点や意思に基づいて修正し、自分のものとして取り込む「専有（appropriation）」（Wertsch 一九九八）の可能性もみられている。

すなわち、学級目標は、子どもたちに学校での行動規範を受容させる道具として用いられている（岸野・無藤 二〇〇九）。初めは教師が学級目標という道具を用いて学級でのふるまい方の規範を示し、やがて道具の使い方が伝達され、子どもたちが自分なりにそれを用いるようになった。

このとき、この道具としての学級目標は、教師も含めて学級全員に共有され、共同課題になったといえるかもしれない。だからこそ、その規範に従いつつも自らの視点で声をあげることも可能となり、自分たちの行動を支えるものとして内面化され、子どもたちの行動規範になっていったと考えられるのである。

(3) 学級コミュニティの一員として

学校は強制と強要が支配する空間と位置づけられる。集団主義の具現装置の筆頭であるかのように。一時期、話題になった常識離れした校則が思い出される。あれもダメ、これもダメ、と記されていた生徒手帳などは、誤った集団主義、共同体主義の一つの象徴であった。一方で、子どもの自由にさせ、教室を立ち歩いても注意もせず、個人の自由は守るべきだと考え、子どもたちの自主性を尊重するといって、指導をほとんどおこなわないという発想も一部にあった。集団主義と個人主義のどちらか過度に振れすぎたら、どちらも学級集団の人間関係のネットワークを十分に活用することはできない。

現在の教育の抱えるさまざまな問題の一つに、パットナムがいうように、関係性をつなぐことに対する意識、学級内の子ども同士のネットワークを活用する意識が希薄になってしまっていることが指摘できる。

保育園や幼稚園、小学校の低学年でも集団遊びに入れない子どもが増え、高学年や中学生、高校生になると、受験やクラブ活動のために友だちと過ごす時間も少なくなってきている現状では、集団の楽しさや子ども同士でネットワークを結ぶ喜びを味わうことは難しい状況にある。そういう子どもたちに学校や学級という集団での活動を通して、「共同体」「コミュニティ」意識を育て、「社会に生きる一員としてのシチズンシップ」を感得してもらうことが、これからの教育には必要なのではないだろうか。

ここでいう共同体とは、前述のような集団主義に基づく学級王国のような強固な集団づくりをいうのではない。むしろ、そうした排他的な集団主義や集団内の同質性を、言い換えると、排除と同化を嫌う集団をさしている。活動や行為、発言などを通して互いが自由に交流し合い、触発し合う人々の集まりを共同体、コミュニティと呼ぶ。それは自分と同様に他者の存在を大切にする態度であり、未知の仲間を求める態度である。対話や関係性を楽しもうとする、社会人としての基礎的な資質の一つとして位置づけられる。こうしたコミュニティに対する視点から学級をながめることは、学級集団の安定を求めるあまりに集団の一員としてのふるまいを強要してきた、これまでの教育に対する一つの懐疑でもある。

第3節　子ども同士の人間関係の取り方

実際のところ、子どもたちは、友人関係を壊さずに、自分の意志や行動の自由を守ることに苦慮している。他者との今後の関係性も考慮しつつ、自分の主張との折り合いをつけて、子どもたちは関係性を切らずにつながり続けようとしている。

村上（二〇〇九）は、子どもが他者から一緒に遊ぼうとの勧誘を受けた際、どのような過程をもってその誘いに対する態度を決定するかを、精査可能性モデル（Elaboration Likelihood Model: Petty & Cacioppo 一九八一）を用いて検討した。学校生活において子どもたちは、友人から「遊びに行こう」「一緒に～をしよう」などさまざまな勧誘を受け、呈示された行為や意見への賛否、同意を求められる。それに対し、子どもたちは、瞬時に自分自身の態度や意見を決定し、表明しなければならない。勧誘された内容は、自身の当初の意向と異なる場合や、必ずしも魅力的でない場合もある。しかもそのような場合でも、子どもたちはそれに賛成・同意するときもある。

　精査可能性モデルによれば、態度変容は、説得的メッセージの内容が影響をもたらす過程と、メッセージの論拠以外の要因が影響をもつ過程によって生じるとされる。前者は、当該の問題について考えようとする情報処理の動機づけや処理能力が高い場合に、メッセージ（ここでは勧誘内容）について熟考がなされ態度変容を生じる過程である。後者は、動機づけや能力が十分でない場合に、メッセージの論拠以外の周辺的手がかり、すなわち送り手の信憑性、魅力や、受け手の感情、文脈などが影響をもつ態度変容過程である（Petty & Wegener 一九九九）。

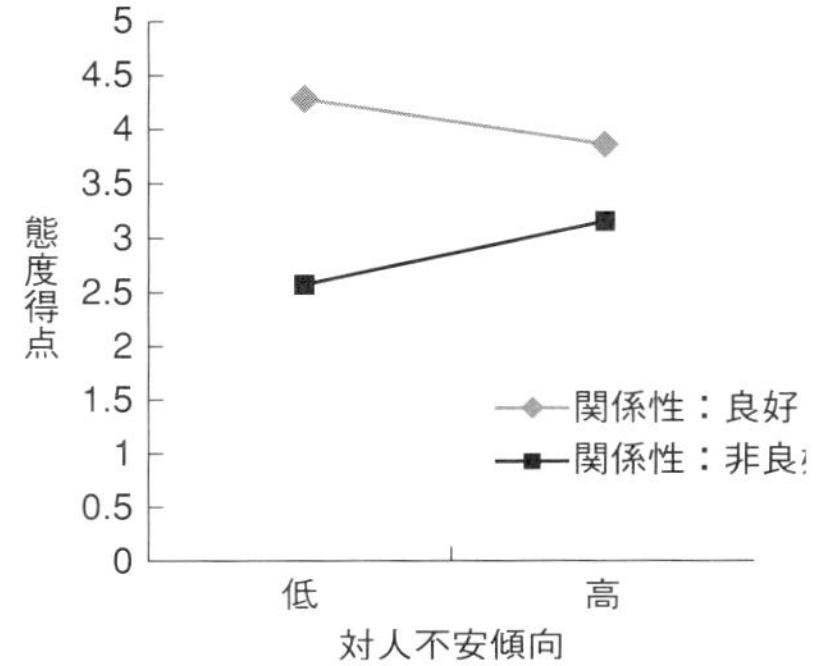

図14－1　相手との関係性と対人不安傾向による態度得点（村上（2009）に基づき作図）

　子どもたちにとって、勧誘相手は友人であり、しかも勧誘内容はその相手との共同活動であることから、勧誘を拒否することは今後の関係性に対する不安を抱かせる。そのため態度決定においては、勧誘内容つまり遊びの内容だけでなく、相手とのこれまでの関係性が影響をもつ。村上の仮想場面を用いた実験では、さらに個人要因として対人不安傾向の変数を組み込み、小学六年生を対象に検討が行われた。

　その結果として、本来の意向とは異なる勧誘を受けた場合、相手との関係性が良好でなくかつ対人不安傾向が高いほど「遊びに行く」方向に態度表明することが示され、またメッセージ内容が魅力的でなくとも対人不安傾向が高いほど、同様に「遊びに行く」と表明することが示された（図14－1、14－2）。メッセージの内容すなわち誘われた遊びの内容が態度決定に影響をもたないわけではない。それと同時に、一緒に遊ぼうという勧

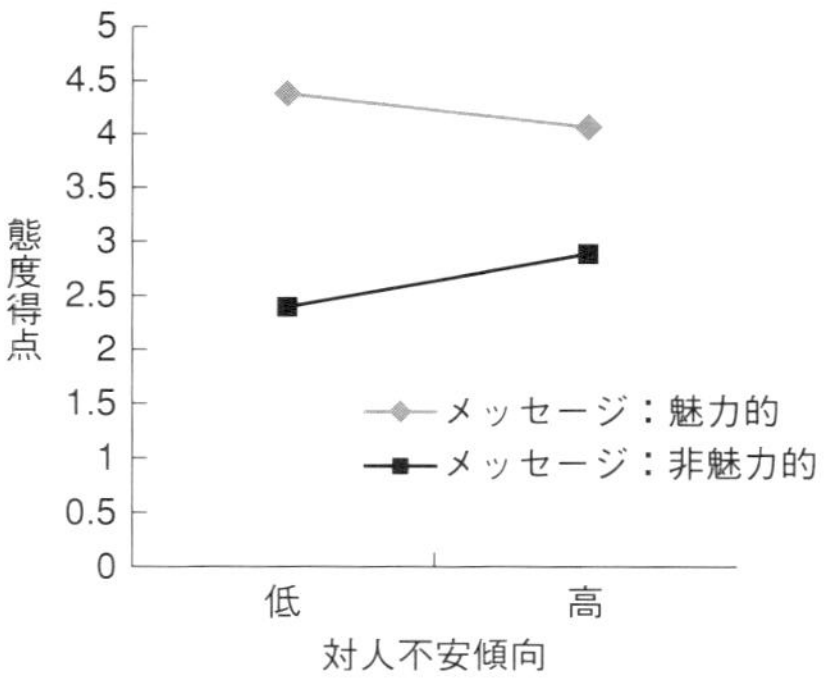

図 14－2　メッセージ内容と対人不安傾向による態度得点（村上，2009 に基づき作図）

誘に対して、子どもたちは勧誘の相手との関係を考慮したうえで、態度を決定しているのである。このとき、対人不安傾向が低ければ自身の興味や楽しさを優先させた態度決定が可能であるのに対し、対人不安傾向が高い子どもは、それができにくい。

子どもたちは、他者との関係性も考慮しつつ、特にそれに不安を抱きやすい子どもは、自分の主張を曲げても関係を切らずにつながり続けようとしている。しかしそれは、相手からの悪い評価を懸念してのことであって、積極的に関係を志向してのことではない。これはまさに、集団の悪しき拘束力と人間関係の希薄化を示すものといえるだろう。

第 4 節　複雑性を乗り越えたルールづくり

ルールづくりには、年齢や発達の程度が大きく影響する。児童期のごく初期の段階に子どもたちから了解を得ることは難しく、その必要もそれほどない。何が危険であるのかよくわからない子どもたちは、行為における危機を予見することは困難であるので、保護すべきおとながそれを教え、回避していく必要がある。ただ、おとなが子どもたちに教え、行為に介入することは何歳ごろまで必要なのか、どの程度までなら許されるか、その見極めは難しい。

自分が小さいころ、親に「○○してはだめでしょ」「○○しなさい」と言われて、「うるさいなあ」「今、やろうと思っていたのに」と毒づいた経験は誰でも多かれ少なかれあるだろう。その年齢はいくつだったかと問われたら、なんと答えられるだろう。

おとなと子ども、親と子のあいだでの広い意味でのルールづくりには大きな個人差がある。人と人との関係づくりにおいて、一律な規準を設定することはとても難しい。しかしながら、「学級集団だから、一緒に学校生活を送る仲間なのだから、ルールを守って生活しましょう」などの言い方が通じる年齢は、実際のところ、それほど「低く」なく、高いのである。小さい子どもでも、押しつけられたルールや一方的に決められた不条理さは感じるものである。子どもたちに共同体やコミュニティという感覚を味わわせるためには、おとなや教師が共同体としてのありかたを伝え教えていく必要がある。

さまざまな個性がぶつかり合う教室は複雑で、共同体として経営することはとても難しく、管理しにくい集団でもある。しかし、管理するためにルールを一方的に決め、集団の構成を均質化してしまっては、個性は消えてしまい、集団としての魅力も半減してしまう。複雑な個性の絡み合った関係性を、その特徴を生かしながら活用していくことが、魅力的で活力ある共同体には欠かせない。

引用文献

井原成男「ルールを守れない子の心理と対応」『児童心理』六三、二〇〇九、七五二―七五七頁。
稲葉陽二『ソーシャル・キャピタル入門―孤立から絆へ』中央公論新社、二〇一一
岸野麻衣・無藤隆「学級規範の導入と定着に向けた教師の働きかけ　小学校三年生の教室における学級目標の標語の使用過程の分析」『教育心理学研究』五七、二〇〇九、四〇七―四一八頁。
村上令「児童の日常生活の態度変容に影響を及ぼす要因　精査可能性モデルの周辺的ルートと対人不安傾向に着目して」上越教育大学大学院学校教育研究科修士論文（未公刊）、二〇〇九。
Petty, R. E., & Cacioppo, J. T. *Attitudes and persuation: Classic and contemporary approaches.* Dubuque, CA: Wm. C. Brown. 1981.
Petty, R. E., & Wegener, D. T., The elaboration likelihood model: Current status and controversies. In S. Chaiken & Y. Trope (Eds.), *Dual-process theories in social psychology.* New York: The Guilford Press, 1999, 37-72.

Putnum, R.D., Leonardi, R., & Nanetti, R.Y., *Making democracy work: Civic traditions in modern Italy.* Princeton, NJ: Princeton University Press, 1994.（パットナム、R.D.　河田潤一（訳）『哲学する民主主義 伝統と改革の市民的構造』ＮＴＴ出版、二〇〇一。）

Putnum, R.D., *Bowling alone: The collapse and revival of American community.* New York: Simon & Schuster, 2001.（パットナム、R.D.　柴内康文（訳）『孤独なボウリング―米国コミュニティの崩壊と再生』柏書房、二〇〇六。）

Wertsch, J.V., *Mind as action.* New York: Oxford University Press, 1998.（ワーチ、J.V.　佐藤公治・田島信元・黒須俊夫・石橋由美・上村佳世子（訳）『行為としての心』北大路書房、二〇〇二。）

Winnicott, D.W., *Playing and reality.* London: Tavistock, 1971.（ウィニコット、D.W.　橋本雅雄（訳）『遊ぶことと現実』岩崎学術出版社、一九七九。）

第15章　教師の職能成長

教師が学び続けることは、学校改革・教育改革の大きな柱の一つである。いわゆる改革の基底を支えるのは教師の高い職業的能力、すなわち職能成長である。本章では、一人の青年教員の成長をふり返りながら、教師の職能成長について考える。

第1節　成長する一人の青年教師

(1) 初任として着任

時代が昭和から平成に移ってしばらくして、一人の教師が誕生した。彼（坂本先生（仮名））は、大学を卒業してすぐに教壇に立つことになった。中学校、高校、大学とサッカー部に所属してきた坂本先生は、高校時代のサッカー部の監督に大きな影響を受け、将来は子どもたちを指導する体育教師になろう、といつしか考えるようになり、その念願を無事に叶えることができた。坂本先生が最初に赴任したのは、地方都市の中核的な小学校であり、全校児童九百人の大規模校であった。各学年四～五学級あるなかで、三年四組を担任することになった。三十六人の子どもたちがいるその学級は、とても元気の良い学級であった。

新任の坂本先生は生徒たちから人気があり、休み時間になると引っぱりだこだった。「先生遊ぼう！」「鬼ごっこしようよ！」「サッカーしよう！」そんな歓声の中心にいるのが坂本先生だった。初任教員の一年目は忙しい。学校の内外の研修会への出席が義務づけられ、レポート等の課題も多い。坂本先生が研修などの出張で学校にいないときには、初任者研修対応の先生が教室に入るため、その先生との打ち合わせもおこなわなければならず、目の回るような忙しい日々であった。それでも、坂本先生は得意の体育を生かして学級ばかりか学年全体での体育指導もおこなうなど、教員として充実した日々を過ごしていた。同期の教員たちと集まる機会があったときにも、「忙しいけど、それなりに楽しい」と語ることが多かったという。授業では、とにかく教えることに必死でどうやって学習内容を伝えるか、それだけに腐心していた。

(2) 五年生を担任した二年目

そんな坂本先生は、翌年、初任の子どもたちをもち上がることなく、五年生の担任になった。本人の希望は当然もち上がりの四年生だったが、学校としては体育指導の得意な坂本先生に、市内の小学校が一堂に会しておこなわれる陸上記録会や水泳記録会などの体育関係の対外行事向けの指導を任せたいということで高学年の担任をさせようと考えたのだろう。坂本先生自身も、早々に気持ちを切り替えて新しいクラスで学級担任としてがんばろうと、決意も新たに奮闘を始めた。

しかし、坂本先生には一年目とは違ったいろいろな課題が待ち受けていた。小学校三年生と五年生とでは年齢的には二歳しか違わない。だが、生徒たちには発達的に大きな変化がある。五年生ともなると、自我は芽生えてくるし、担任との関わり方も大きく変化してくる。特に坂本先生が感じたのは女子とのつきあい方である。高学年の女子児童とつきあうときには「微妙な」距離感があり、上手に対応するのは難しい。坂本先生も当初は女子児童の反抗的な態度や一年目の三年生のときとは違った反応ぶりに戸惑いを感じることが多かった。そのたびに同じ学年を組む先輩や学年主任の先生に相談していたのだが、うまくは解決しなかった。

そうした学級経営上の困難に変化がみられたのは学習中のある出来事がきっかけだったという。その学校は、市の中核的な小学校であったために公開研究会なども頻繁におこなわれていた。特に理科授業の研究が盛んで、市や県の枠を超えて公開研究会を参観に来る先生たちも多かった。坂本先生も教職二年目となり、校内研究の一環として研究授業をおこなうことになった。五年生の理科授業ともなると、学習内容は高度になり、そのため研究授業を提案するとなると、教材研究や予備実験などに多くの時間が割かれた。

それまでは休み時間や放課後など、男子児童と一緒に遊んでいた時間がしだいに削られるようになっていったのである。「ごめんな、今日もちょっと授業の準備なんだ」。そう児童に謝る坂本先生に、男子生徒は「しょうがないなあ」「先生がんばって」と応援するようになってきた。すると、しだいに女子生徒も「何やってんの？」と近づいてくるようになり、だんだん会話が増えていった。授業中も先生がうまく進められないときには、児童の方から実験準備を手伝ってくれるようになったり、発言してくれたりと協力的になってくれ、坂本先生も充実感を感じるようになってきたのである。「一人で学級を何とかしなくては」という意識から、「児童と一緒に活動することで学級経営をおこなっていこう」と視点を変えることで、少しずつうまく回り始めたのであった。

（3）学級経営の悩みと学習指導の悩み

ところが、学級経営がうまく進み始めたころ、坂本先生には別の悩みが生まれてきた。それは、学習指導についての悩みであった。校内研究で理科学習研究会には参加していたが、うまく授業をおこなえている実感がなかったのである。同学年の先生たちが授業で展開する様子とは大きく違っており、うまく発問を構成できていないためか、児童たちの反応をみても沈黙や首をひねったりする場面が多いような気がしていた。それがよく表れているのが評価テストの結果である。坂本先生の担任している学級の点数が学年で突出して低く、それをとても気にしていた。「大丈夫ですよ。たまたまということもあるし」。学年の先生たちは慰めてくれるのだが、実際に児童たちの学力が上がっていないのは、自分の指導力不足のせいなのではないかと悩むことが多かったのである。一年目と違い、一緒に遊んだり楽しく過ごしたりしながら学級経営をおこなっていた段階から一つステップアップしたと思っていたのだが、今度は学習指導の悩みがもち上がってきたのだ。研究会や学年会などでいろいろ質問したり悩みをぶつけたりするのだが、どうもすっきりしない感じだけが残るのだった。

それでも五年生はとても多忙な学年であり、立ち止まっているわけにはいかなかった。陸上記録会や水泳記録会、林間学校など、校内外での活動の場が多く、行事の合間を縫って授業をしているような印象もあり、そんな多忙感がよけいに坂本先生の悩みを募らせることにつながっていった。坂本先生は同僚の先生たちとの食事会や休憩の時間にいろいろな話をすることが増えていった。学習指導の悩みのことや個人的な趣味の話まで話題にし、そのなかで職業人としての知識やスキルについて学ぶとともに、自らの話を語り、同僚の話を聞くことで個人の情熱を高めたり、リラックスしたりする機会としていた。

(4) 三年目の転機

教職三年目となった翌年、またしても坂本先生は担任をもち上がることはなかった。児童に愛着を感じ、一緒に六年生となって卒業式を迎えたい希望はかなわなかったのである。新しく受けもつことになった学年はまた五年生であった。しかし、その学年は坂本先生が初任で担当した三年生の学年であった。担任する五年二組の四分の一の児童はかつての教え子たちだった。「久しぶり。よろしくね」。始業式の日にそうあいさつした坂本先生に、元の教え子をはじめ他の生徒たちからも歓声が上がった。坂本先生もとても喜んだ。

一緒の学年は、五十歳代の女性のベテランの学年主任と一年先輩である二十歳代の女性の先生、そして今年赴任してきたばかりの三十歳代の渡辺（仮名）先生の四人であった。この渡辺先生の存在が、その後の坂本先生に大きく影響を与えた。渡辺先生は、教職経験が十年ほどでありながら、理科教育や算数教育に関して地区で精力的に活躍している教師の一人であった。新学期のあわただしさも一段落したころ、坂本先生と渡辺先生は男性教諭同士ということもあって、自然と一緒にいる時間が長くなっていった。話題は坂本先生が昨年から懸案であった授業研究や学習指導についての内容が多かった。

「実験結果がうまく出ないとどうまとめてよいかわからないんですよね」
「示範実験をうまく組み合わせてはどうですか」
「発問が悪いせいか、こどもの食いつきがいまいちで」
「予想を授業展開に組み込んだらいかがでしょう」

などといった具体的な授業に関する質問や応答が職員室に限らずに廊下や放課後の教室で何度もおこなわれた。

そうしたやりとりを繰り返すうちに、他の先生たちも二人の議論に加わるようになり、渡辺先生も多くの先生たちと話す機会が増えていった。坂本先生との関係ができることが、新しく赴任した職場での関係を広げるのにも役に立った。学年として協同で生徒に対応する機会も増え、教師同士の関係の良さは生徒指導にも共同であたるなどの効果を生むようになった。その学年はとても活気にあふれ、校内はもとより保護者との関係も良くなっていったのである。

ある日、いつものように坂本先生が渡辺先生と次の研究授業について相談していたときのことだ。ふと、渡辺先生が坂本先生に話し始めた。

「坂本先生。どうですか？　ぼくは先生の役に立てていますか？」「えっ。何を言っているんですか、もちろんですよ。渡辺先生のおかげでボクはいろんなことを相談できるんですから」。どうしてそんなことをいい出したのか、坂本先生にとっては意外であった。すると、渡辺先生は遠くをみつめるような目をしながら、静かに話し始めたのであった。

「ぼくは、自分が新任の教員だったころ、相談できる相手がいなかったんですよ。研究授業とかがあるときもどうしていいのかわからなくて、同じ職場では相談できる相手がいなくて、離れた場所にある研究サークルみたいなところに出かけていったり、自分で本を読んだりしながらなんとかやってきました。それで自分がある程度の経験を積んだら、若い先生方にできるだけお手伝いしたいと考えていたんです。おせっかいと言われるかもしれませんがね」。そういってはにかむ渡辺先生の心情が、坂本先生にはとてもうれしかった。

「渡辺先生。ありがとうございます。ボクもこれから少しずつ成長していけたらなあと思います。よろしくお願いします」。

(5) 成長する教師

やがて、最初に赴任した小学校から離れて次の職場に移っていくころには、坂本先生は中堅教員として、もともと得意だった体育指導に加えて、理科の学習指導の面でも注目される教員の一人となっていった。渡辺先生との個人的な研究会で指導を受け、経験を積み重ね、自ら授業研究に関する資料を読んだり、教材研究を繰り返しているうちに、児童に学習指導するやりがいや喜びを感じるようになっていき、進んで研究を進めるようになったのである。そんな坂本先生のもとには、地区の研究レポート発表会への参加や研究授業の依頼などが舞い込んでくるようになり、やがてかつての坂本先生のように学習指導や学級経営で悩んでいる後輩教員からの相談がもち込まれるようになっていった。中堅教員としての役割として指導力を求められるようになった今でも、坂本先生は渡辺先生と連絡を取り合っている。

第2節　坂本先生の職能成長の軌跡

この事例に登場する坂本先生は、自分への内省を忘れず、担任する学級における悩みや疑問を周囲の同僚との交流をもちながら、一歩一歩歩みを進めている。それはまさに教師としての成長の歩みである。それを支えたのは、同僚たちであると同時に、坂本先生自身の教師としての資質を向上させようとする、たゆみない向上心だったことはいうまでもない。こうした坂本先生の事例から教師の職能成長について考察していこう。

着任した当初の坂本先生は、教師として児童とどのように接するかということに腐心しており、一緒に遊ぶことで児童と交流をおこなおうとしていた。このころは、子どもたちと向き合うことに必死でいろいろなことに関心を向ける余裕がなかったのであろう。しかし、同僚教師や友人たちとの会話からは、坂本先生のそうしたひたむきさや情熱が伝わってくる。

やがて二年目になると、学級経営の問題に直面することになる。担任した高学年の児童との交流がうまくできなかったことから、同僚教師との交流は悩みを打ち明ける場となっていく。一年目とは違い、自らの教師としてのありかたに冷静に向き合うようになっていった坂本先生は、学習指導についてもふり返り始める。校内研究や学校行事への対応など多忙さを抱えながらも自分の教師としての力量に疑問をもち、向上していこうと考え始めたのである。

三年目となり、坂本先生の教師としての力量向上、職能としての専門性を高めようとする欲求がさらに強くなってきたとき、同僚の渡辺先生との出会いはとても大きな意味があった。教師としての専門的な悩みを何とかしたいと考えていた坂本先生にとって、自らも授業研究などを続けている渡辺先生は適切な相談相手でもあり、情報を得る資源でもあったのだ。

このように坂本先生の教師としての成長をふり返ってみると、そこにはいくつかの特徴があることに気づく。一つは、教師という職業に対して「変わらない」ことと「変わる」ことがあるということだ。「生徒に向かう情熱」や「いい授業をしたい思い」は初任から変わっていない。一方、「児童生徒理解」「学級経営」「学習指導」といった教師の職務に対する関心の程度や重みづけに関しては、経験とともに変化してきていることがわかる。変わらない情熱、経験に応じた職務の重要度の変化、そういったことが教師の職能成長を考えるときの大きなポイントになるだろう。また二つめとして、忘れてはならないのが「同僚の存在」である。同僚との関わり方もまた、教職経験とともに変容している。どのように同僚教師と関わりながら教員は成長していくのだろうか。ときには支え合い、ときには学び合う同僚性のありかたはどうあればよいのだろうか。次節からは職能成長を支える要因と同僚性について考えてみたい。

第3節　教師の資質向上の要請

前節まで紹介した事例における「新任の坂本先生」は、自らが教師として成長する過程において課題を見つけ、その課題を一つひとつクリアすることで職能成長を果たしていくことができた。それは学級担任として子どもたちに向き合うことに対する成長であり、職業人としての果たすべき職責に対する成長でもあった。このようなさまざまな側面からなる教師としての職能の発達は、現代の大きな教育界を取り巻く課題ともなっている。

教師の資質の向上、いわゆる職能成長についての議論がそれまでよりもいっそう盛んになったのは、現行の学習指導要領が二〇〇八（平成二十）年に改訂されてからのことである。加えて二〇一二（平成二四）年八月の中央教育審議会の答申がおこなわれたことでより鮮明になってきたといえよう。

答申においては、これからの教師に求められる資質能力として、実践的指導力を高め、学び続ける教師像を確立することが強調されている。具体的な取り組みとしては、「学びの継続性」「専門性と高度化」「チーム対応」の三つの概念に集約される。

「学びの継続性」は、教師養成段階から教師になった後まで大学と教育委員会が連携し協働しながら教師の支援をおこなうことを求めている。地域における大学のコンソーシアム（共同体）としての活用などについても提言しており、教師の専門的知識の習得や教育の高度化を教職生活全体から捉えていこうとするものである。

「専門性と高度化」については、欧米諸国の実績を踏まえ、教師を修士レベルの専門教育を身につけた高度専門職業人として位置づけ、そのために現在各地で設立されている教職大学院の一層の拡充と、研究による理論に裏打ちされた実践に結びつくような学校・教育委員会と大学との連携や協力を求めている。

「チーム対応」は、現代の学校を取り巻くいじめや特別支援、不登校など生徒指導上の深刻化を受け、教職員全体でチームとして取り組むことへの期待の表れでもある。こうしたチーム対応は、対児童生徒のみならず、教師集団のチームとして初任者への指導や保護者への対応などいろいろな場面において有効に活用することを期待している。個人では解決が困難な状況にあってもチームで対処することで解決に向かうことができれば、それが教師の学び続ける意欲や教育職員としての喜びにつながることが想定される。

第4節　学び続ける教師、自律する教師

答申において強く提言されているのは、「学び続ける教師」像である。大学における教師養成の段階を経て、教師となって採用された後、多くの教師は日常の煩瑣な職務に忙殺されて、いわゆる教育委員会等の指定する研修会に半ば強制的に義務的に参加するのが精一杯であり、自主的に職務に関して学び続けることが減っているのではないかという危惧が背景にある。複雑化する学校や教室を取り巻く問題に対応する知識やスキルを習得し、教育の最前線に立ちながら子どもたちと向き合う教師には不断の職能成長が必要なのである。

職能成長について山崎（二〇〇二）は、わが国における教師の意識構造やライフコースについて継続的・縦断的な調査を基に精緻な分析をおこなっている。それによると、教師として必要な事柄として「子ども理解」「教科内容」「人格的資質」「情熱」をあげている。この調査結果からみると、教師の職能という特性を考えると、社会的に通常いわれているようなスキルアップや知識の獲得だけではなく、心情的な面においてもある意味の職能が必要であると考えられる。

教師の職能成長や変化を考えるときに秋田（二〇〇九）は、クラークとホリングワース（Clarke & Hollingsworth 二〇〇二）を基に、教師の変化タイプを分類している。それは、①訓練による変化、②適応としての変化、③個人の発達としての変化、④組織の構造変化に伴う変化、⑤経験の積み重ねとしての成長や学習としての変化、の五つである。そのなかの診断－治療型の医療モデルに基づく「訓練による変化」タイプが「受動的な」参加者としての教師の学習には

有効に機能しないことを報告している。ここでの中心的な提案は主体的な研修にこそ意味があり、受動的な研修スタイルでは職能成長には意味をもたないとの主張である。こうした考えは、前述の中央教育審議会の答申とも呼応することは明らかである。

紅林（二〇〇七）が、佐藤学が大瀬敏昭校長（当時）とともに浜之郷小学校でおこなった「学びの共同体」の実践を基に、「教師が『専門家』として『自律』することが組織で一番大事なことである」とした提言には大きな意味がある。ここで紅林が指摘したのは、教職に関する「専門性」の重要性と「教師自身の研修・学びに対する継続的な自律的、主体的」である態度であり、「受動的な研修は有効ではない」とする点において前出の秋田の提言と同様であるといえる。

第5節　チームとしての教師集団

中央教育審議会の答申において重要な意味をもつものは、これまで述べてきた「専門性・高度化」および「学びの継続性」とともに指摘されている「チームとして組織的かつ効果的な対応をおこなう」ことである。現代教育の諸問題には当該学級担任個人や管理職のみが対応するのではなく、チームとして対応することで、いじめ・暴力行為・不登校等生徒指導上の諸課題や特別支援教育の充実、外国人児童生徒への効果的な取り組みができるのではないかと期待している。それは、チームとして教師集団が組織的に教育活動に取り組むことを職能成長と関連づけ、「教師の職能成長は学校という現場で鍛えられる」という発想から、組織開発と職能成長には密接なつながりがあることへの注目にも表れているといえよう（木岡 二〇〇八、山崎 二〇〇二）。

こうしたチームとして成長を支える「同僚性」という概念が、注目されてきている。「同僚性」については、紅林（二〇〇七）はその機能として　①教育活動の効果的な遂行、②力量形成、③癒し、の三点をあげ、専門性や対等性を保ちつつ自律するチームの実践の必要性を示している。

石田（二〇一一）は、これからの教育的現場のリーダーシップにおける「同僚性」の位置づけとして、現場の教師が実践的なリーダーシップを発揮して学校をマネジメントしていくことが求められるようになってきていると述べている。つまり、同僚性は、これまで校長など管理職が意思決定をおこなってきたことを組織の共同体として議論を経たうえで目的や権力を共有化するとともに、自らの責任を要求されるということを含んだ概念であることを指摘している。このように同僚性は、学校現場における職能成長を考えたときに重要な概念であるということがいえる。

しかし一方で「同僚性」という概念は、ともすると目標の具現化のための協働、というよりも協働のための目標の共通理解という傾向が強くなっており、個々の専門性を高める方向には同僚性が向いていないのではないか、という懸念がある。いわゆる「足並みをそろえる」という同僚性概念に付随する同調性は、一番遅いものにペースを合わせることであり組織の活動性としては停滞を意味するとする考え方である。だが、こうした懸念は冒頭の事例のように、個々の教員の意識や高度な専門性への欲求の高まりにより払底されることが少なくない。むしろ、同僚性によってこそ新人教員は成長し、中堅教員としての橋頭堡を築いていったのではなかったか。教師の職能成長を語るときに、その責務を個人にすべて任せるのではなく、支える－支えられる同僚や他者の存在の重要性を再認識しなければならない。

冒頭の事例をもう一度ふり返ってみよう。坂本先生は新任のとき、「喜びや悩みを分かち合う存在」として同僚を位置づけていた。それがしだいに職業人としての教師としての課題に直面してくるようになると、「専門的な知識やスキルに関する情報源としての同僚」という意味合いが大きくなっている。このように教師の職能成長にとっての同僚性の役割は、成長の度合いによって可変するニーズに合わせて変容しており、坂本先生の職能成長には、そうした成長に伴う「発達課題」を解決していこうとする坂本先生自身の強い意志と、それを支えてくれた同僚の存在が不可欠であったと考えることができるのである。

こうしてみると同僚性は、人間としての個人を支える「心情的親和性」と、専門性をサポートしてくれる「職能的専門性」の二つの側面からなる支援的な機能が含まれていると考えることができる。教育現場という職場における現代的な問題として掲げられる「バーンアウト（燃え尽き症候群）」や「学び続ける教師像」についても、こうした同僚性の側面から検討を加えてみることも一つの視点であると思われる。

引用文献

秋田喜代美「教師教育から教師の学習過程研究への転回　ミクロ教育実践研究への変貌」矢野智司・今井康雄・秋田喜代美・佐藤学・広田照幸（編）『変貌する教育学』世織書房、二〇〇九、四五―七五頁。

Clarke, D., & Hollingsworth, H. Elaborating a model of teacher professional growth. *Teaching and Teacher Education*, 18, 2002, 947-967.

石田真理子「教育リーダーシップにおける「同僚性」の理論とその実践的意義」『東北大学大学院教育学研究科研究年報』六〇、二〇一一、四一九―四三六頁。

木岡一明「学校評価研究から学校組織発達研究へ　わたしの教育経営学研究：これまでとこれから」『日本教育経営学会紀要』五〇、二〇〇八、一一五―一一八頁。

紅林伸幸「協働の同僚性としての《チーム》　学校臨床社会学から」『教育学研究』七四、二〇〇七、一七四―一八八頁。

文部科学省中央教育審議会答申「教職生活の全体を通じた教師の資質能力の総合的な向上方策について」二〇一二。

山崎準二『教師のライフコース研究』創風社、二〇〇二。

人名索引

事項索引

【執筆者紹介】（執筆順，*は編者）

蘭 千壽（あららぎ ちとし）*
千葉大学教授　教育学博士
担当：1章，4章（共著），13章，14章

新元 朗彦（にいもと あきひこ）
公立中学校教諭　教育学修士
担当：2章，6章

高橋 知己（たかはし ともみ）
公立小学校教諭を経て上越教育大学准教授　教育学修士
担当：3章，15章

越 良子（こし りょうこ）*
上越教育大学教授　博士（心理学）
担当：4章（共著），12章

杉本 成昭（すぎもと なりあき）
公立小学校教諭を経て小学館集英社プロダクション　教育学修士
担当：5章

樽木 靖夫（たるき やすお）
公立中学校教諭を経て帝京科学大学教授　博士（カウンセリング）
担当：7章

出原 嘉代子（ではら かよこ）
公立小学校養護教諭を経て了徳寺大学・城西国際大学非常勤講師　教育学修士
担当：8章

高野 直美（たかの なおみ）
公立高等学校養護教諭　千葉大学大学院教育学研究科在学中
担当：9章

石井 幸江（いしい さちえ）
公立高等学校教諭を経て県スクールカウンセラー，日本体育大学・戸板女子短期大学非常勤講師
千葉大学大学院教育学研究科在学中
担当：10章

渡部 雪子（わたべ ゆきこ）
東京成徳大学助教　博士（心理学）
担当：11章

ネットワーク論からみる新しい学級経営

2015年3月7日　初版第1刷発行　（定価はカヴァーに表示してあります）

編　者　蘭　千壽
　　　　越　良子
発行者　中西健夫
発行所　株式会社ナカニシヤ出版
〒606-8161 京都市左京区一乗寺木ノ本町15番地
Telephone 075-723-0111
Facsimile 075-723-0095
Website http://www.nakanishiya.co.jp/
Email　iihon-ippai@nakanishiya.co.jp
郵便振替　01030-0-13128

装幀＝白沢　正／印刷＝創栄図書印刷／製本＝兼文堂
Printed in Japan.

ISBN978-4-7795-0938-4